ユーラシアの風 新羅へ

古代オリエント博物館・MIHO MUSEUM=編
山本孝文=監修

山川出版社

はじめに

新羅の千年は絶え間ない創新の歴史でありました。その創新の原動力は内部から始まったものではありますが、外部からの文化的刺激も一つの要因でした。中国や日本はもちろんのこと、遠くユーラシアの反対側とも関係を保ち続けました。このような外部世界とのたゆまぬ接触は、新羅文化をさらに豊かなものにしました。韓国の慶州と済州において成功裡に開催された特別展「新羅、西アジアに出会う」の交流展をもとに作られた本書が、このような新羅文化を御理解頂く上でお役に立つことを願ってやみません。

この場をお借りし、韓国での展示会に格別なる御援助を賜りましたMIHO MUSEUM、岡山市立オリエント美術館、古代オリエント博物館の関係者の皆様に心よりお礼を申し上げるとともに、本書の刊行を心よりお祝い申し上げます。

2009年3月
大韓民国 国立慶州博物館長　李 榮 勳

新羅千年은 끊임없는 創新의 歷史였습니다. 그 創新의 原動力은 內部에서 비롯되었지만 外部로부터의 文化的 刺戟도 하나의 原因이었습니다. 中國과 日本은 勿論이거니와 멀리 유라시아의 저쪽과도 關係를 맺어 나아갔습니다. 이러한 外部世界와의 끊임없는 接觸은 新羅文化를 더욱 豊富하게 했습니다. 韓國의 慶州와 濟州에서 成功裡에 열렸던 特別展 '新羅, 西아시아를 만나다' 의 交換展을 바탕으로 만들어진 이 도록이 이러한 新羅文化를 理解하는 데 많은 도움이 되기를 바랍니다.

이 자리를 빌어 韓國에서의 展示會에 各別한 協助를 베풀어 주신 미호뮤지엄, 岡山市立오리엔트美術館, 古代오리엔트博物館 關係者 여러분께 眞心으로 感謝드리며, 이 도록의 간행을 진심으로 축하 드립니다.

2009 년 3 월
大韓民國 國立慶州博物館長　李 榮 勳

ユーラシアの風　新羅へ
もくじ

凡　例

高：作品の高さ　径：作品の最大径　長：作品の長さ
：2009 年に開催された展覧会に出品されたものである。
図版解説は出土地、時代、寸法、所蔵、文化財指定、所蔵番号の順で記す。

ユーラシアの風　新羅へ

第一部

新羅の風土と歴史

新羅は、古代の日本から最も近い国であった。日本列島各地で古墳が盛んに造営されていた頃、新羅の都・慶州でも巨大な墳丘を持つ墓が造られ、支配者が権力を誇示していた。「黄金の国」として知られる新羅の古墳からは、煌びやかな金製の装身具が多く出土し、その華やかさを競う。新羅は、黄金に彩られた王が君臨する国であった。韓半島の一角に生まれた独自の文化と伝統を持つ国は、やがて三国時代に終止符を打ち、華やかな仏教文化を謳歌する統一国家へと成長する。

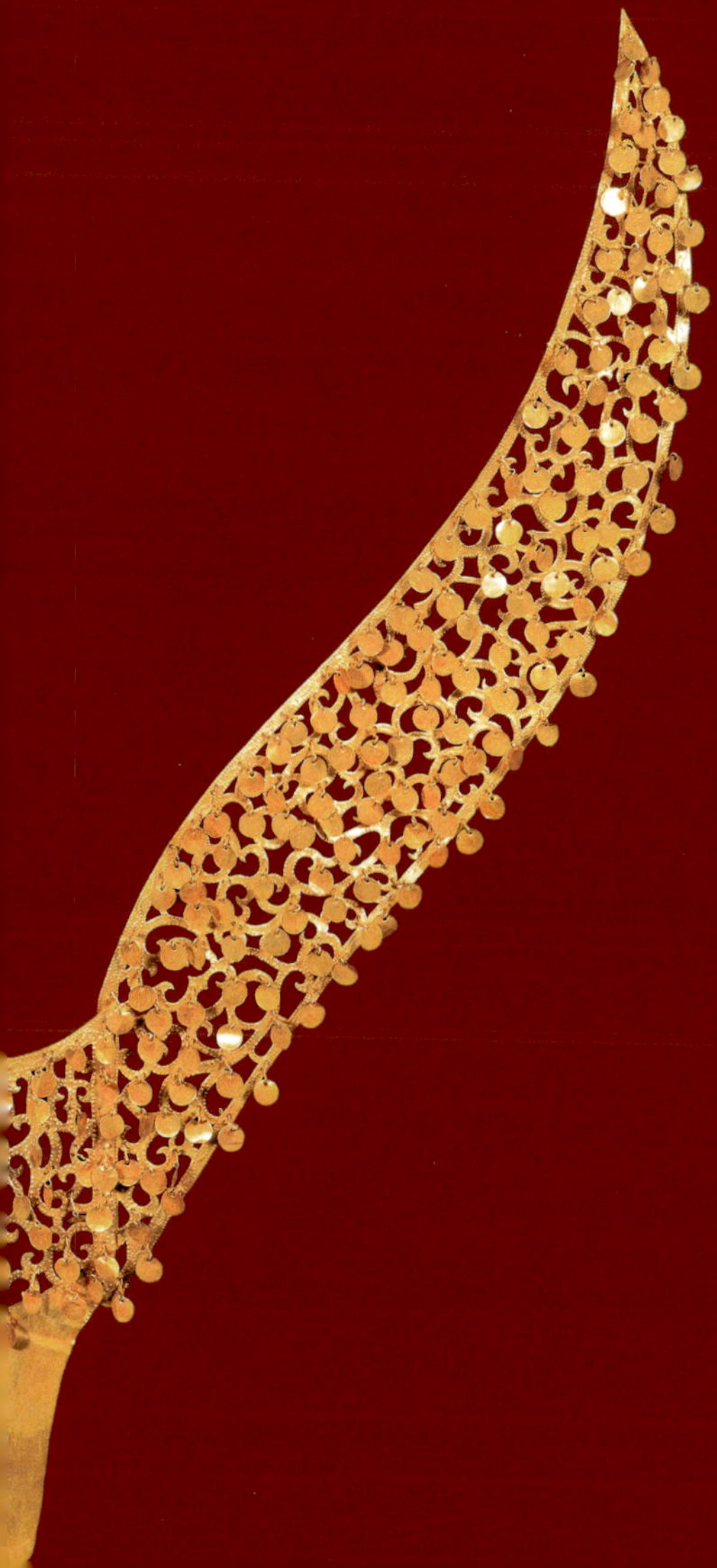

新羅に吹くユーラシアの風

ユーラシア大陸は、人類の歴史上、様々な民族によって最も多くの国が治乱興亡を繰り返した地域である。洋の東西を含み、その折衝地帯が広大な範囲にわたって形成され、現在も人類人口の多くがこの大陸に集中している。まず文明はこの地に興り、中心と周縁の範囲を拡大させながら隣接する文化との衝突と融合を繰り返した。国の興亡は古代世界においても激しく、時に大帝国の出現により地域と民族、そして文化の統合が試みられ、さらに遠方の文化に接するための交易ルートが開拓された。旅行者がもたらす情報と文物は、想像さえできなかった未知の世界への関心と憧憬を惹き起こし、遠く離れた国と国とを観念の上で結び付ける役割を果したことであろう。ユーラシアは、文化の攪拌がなされる舞台であり続けた。

このユーラシア大陸の東岸中央に、小さく鉤状に突き出た半島がある。大陸に寄り添うように点在する日本列島の一方の端に、まるで手を差し伸べるかのように張り出したこの韓半島は、大陸と日本列島を結ぶ陸橋のようにも見える。実際に、稲作や金属器などの生活文化から、仏教などの思想文化に至るまで、極めて多様な大陸文化が韓半島を経由して日本に伝わっている。ただし、韓半島を文化伝播の架け橋とみるのは誤りである。東伝する大陸文化を確実に受け止めて消化した人と社会がそこにはあり、何よりも、どの地域にも似ない独自の文化があった。ユーラシア大陸の巨大さに比して、必ずしも広大とはいえない韓半島の地も、古来より幾多の勢力の活動舞台となり、複数の国によって分治されることもあった。韓半島の三国時代と呼ばれる三~七世紀頃の時代には、その名の通り三つの国を中心に様々な勢力が並び立って覇を争い、それぞれに独自色豊かな文化を花開かせている。

新羅（しらぎ（しんら））は、この三国の一つに数えられる国である。高句麗（こうくり）・百済（くだら（ひゃくさい））とともに彼地に興って半島の空間を分かち、後には他の二国を制して統一を果たす。七~十世紀の統一新羅時代に、新羅は唐王朝周辺の有力国であり続け、仏教芸術をはじめとする華々しい文化の名残を今に伝えている。その文化の結晶ともいえる新羅の都・慶州は、韓半島の東南端に位置している。当時の史跡を多く抱えるこの小盆地は、今、往時を偲ぶ人々が訪れる観光の場となっているが、静かにたたずむ町並みと遺跡から、盛時の様子を想像するのは難しい。新羅はその成立から滅亡まで一度も都を動かさず、何百年もの間ユーラシアの最も奥に居座り続けた。そのためか、情報の中心であった中国の歴史書にもなかなかその姿をあらわさず、やや停滞した社会と文化を持つ国であるかのように描写されることもあった。

しかし、極東の国・新羅も、ユーラシア全域を巻き込む文化の攪拌の外にはいられなかった。小山のような新羅古墳から出土する煌びやかな副葬品の中には、明らかに遥か西方の香りを伝えるものが含まれており、統一期の新羅の都では、唐から伝わった文物が当然のように使われていた。広大なユーラシアを舞台にしたダイナミックな人の動きは、文化と文物を大陸の果てまで運んだのである。

ユーラシアに吹く風は、確実に新羅まで届いていた。

ユーラシア地図(本書に関連する地域と時代)

新羅の地理

韓半島は、東と西で地形が異なる。東海岸側は半島を南北に連なる背骨のような太白(テベク)山脈と、そこから派生した山地が大部分を占め、西海岸側は緩やかに形成された肥沃な平野が広がる。そのため、韓半島を流れる代表的な大型河川の多くは東側の山地に水源を発し、西流して西海岸に河口を持つ。文明が大河の流域に発生したように、韓半島でも古代国家は大河川のほとりで誕生した。高句麗は鴨緑江(アムノッカン)の河辺に興って大同江辺に遷都し、百済も漢江のほとりで建国し、錦江の流れを見ながら滅亡に至った。高麗時代の開城、朝鮮時代の漢城、そして現代の大韓民国のソウル、朝鮮民主主義人民共和国の平壌に至るまで、韓半島の歴史上、主だった王朝や国家の都はいずれも半島の西側、開けた平野部に置かれてきた。ほぼ唯一の例外が、新羅であった。

韓半島史の中で、自然地形は人間集団の勢力圏や文化の違いを際立たせる要素として極めて重要な意味を持ち続けてきた。山脈や河川などは、それを越えて移動する労力の多寡にかかわらず、常に国や文化圏を隔てる役目を果たしている。小白(ソベク)山脈は、南北に延びる太白山脈から分かれ出て、現在も韓半島南部を東西に分ける自然の境界となっている。現在の行政単位では、小白山脈の東側が慶尚道(キョンサンド)、西側が忠清道(チュンチョンド)・全羅道(ジョルラド)である。この自然の障壁は、三国時代にも長い間国と国とを隔てる関門であり続けた。北の高句麗に対し、西の百済、そして東の新羅である。東を海によって限られ、北と西を屏風のように巡る小白山脈の内側が、かつて新羅の世界のすべてであった。その最も奥、海が迫る小さな盆地に、首都慶州はある。地図上でも見落としてしまいそうなこの陸地の端まで、大陸を横断した文化の一断片が到達していたことは、驚くべきことである。

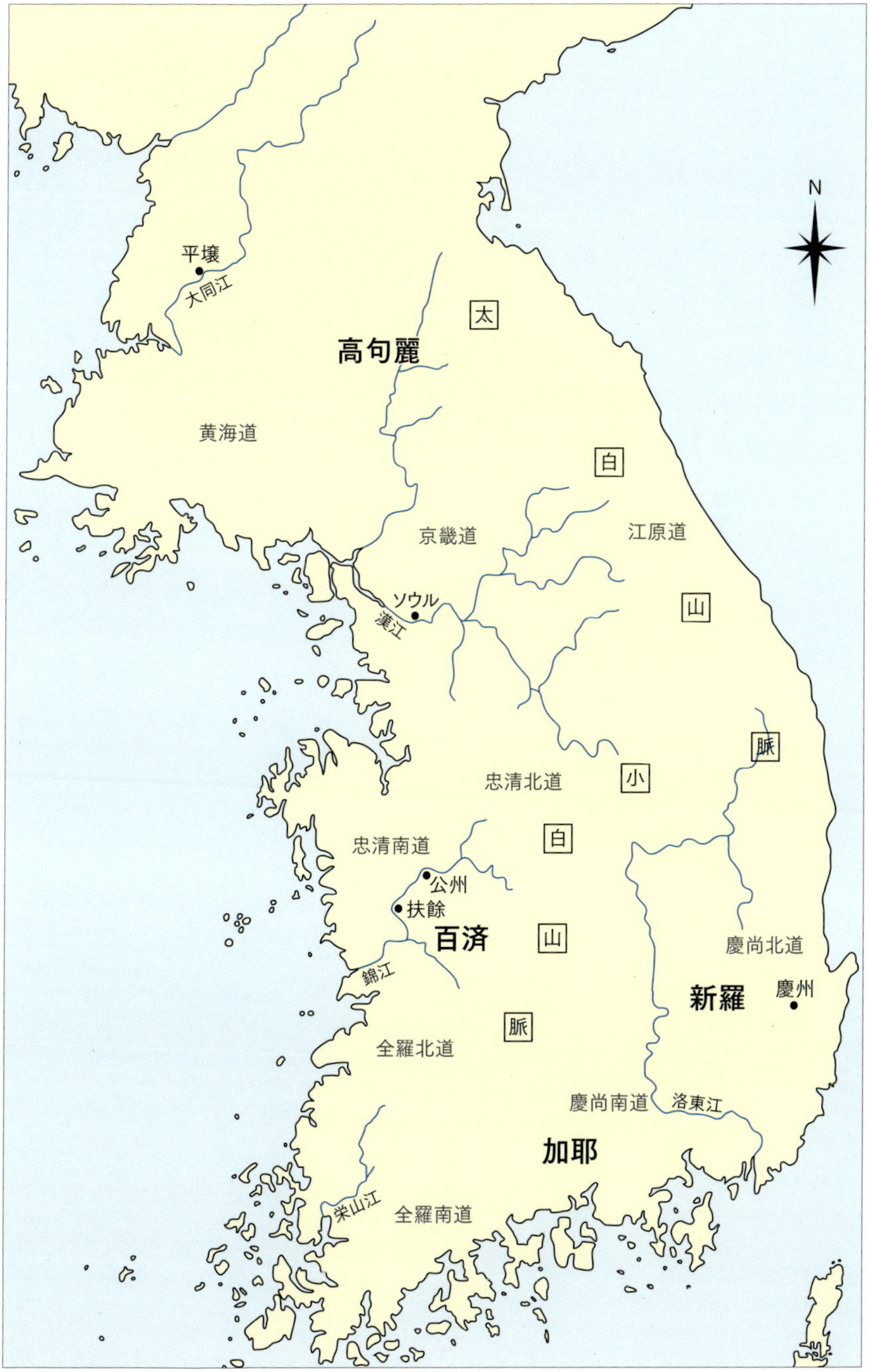

韓半島の地理と三国時代

新羅の歴史

韓半島の歴史書である『三国史記』によると、新羅の建国は伝説的な出生神話(卵生神話)を持つ始祖の朴赫居世(パクヒョクコセ)が王として即位した紀元前五七年であるとされる。滅亡する紀元九三五年までの約一〇〇〇年の間に、文献に記録された王統は五六代を数える。一方、中国の正史である著名な『三国志』魏書東夷伝韓条などでは、三世紀まで韓半島南部地域には「韓」という集団が小国ごとに分かれて割拠していたとする。馬韓(マハン)・辰韓(ジナン)・弁韓(ビョナン)の三韓のうち、新羅の母体となったのは辰韓であり、辰韓は十二の小国に分かれていた。新羅は、そのうちの斯盧(サロ)国が発展したものである。辰韓と弁韓は類似した文化習俗を保有していたことが文献に記されており、実際に三世紀頃までの両地域には、考古学的に確認される文化に目立った違いは見られない。

古墳や土器など考古資料の上で、新羅と弁韓の後身である加耶とが明確に分離し始めるのは、三~四世紀のことである。この頃を前後して新羅は他地域とは完全に切り離された独立勢力として台頭した。しかし、五世紀までの新羅は北の高句麗の影響下にあったことが文献や「中原高句麗碑」などの碑文に書かれており、実際に高句麗との関係を思わせる遺物も古墳などから出土している。ただし、新羅の古墳文化が最も光彩を放っていたのはこの五世紀から六世紀の半ばにかけての時期であり、国内的に王・王族・貴族など支配者階層への権力集中が進んでいたことがわかる。

高句麗の影響下から離脱し、新羅が対外的に韓半島の強国へと歩み始めるのは六世紀からである。国名を正式に「新羅」としたのは実は第二二代の智証(ジジュン)王(在位五〇〇~五一四年)の時期であり、同じ頃に国際世界で通じる「王」の称号も初めて用いた。それまで新羅の支配者は「尼師今(ニサグム)」や「麻立干(マリプカン)」など、首長をあらわす様々な固有の称号を用いていたのである。次の法興(ポップン)王(在位五一四~五四〇年)の代には軍制や官制の一部を整えるなど内政の充実を図り、仏教を公認することで思想面においても統一を試みている。その基盤の上に、飛躍的に領土を拡大して新羅を強国

ユーラシア年表

年代	西アジア	中国	韓国	日本
	旧石器	旧石器	旧石器	旧石器
前10000年				
	中石器	中石器		
前7000年	新石器			
前5000年		新石器	新石器	縄文
前4000年		仰韶文化		
	原文字期			
前3000年	初期王朝			
	アッカド王朝			
前2000年	古バビロニア王朝	竜山文化		
	カッシート王朝	殷		
前1000年				
	アッシリア帝国	周	青銅器	
	新バビロニア王国　メディア王国	春秋		
	アケメネス朝ペルシア	戦国		弥生
	アレクサンドロス大王の東征			
	セレウコス朝シリア	秦	初期鉄器	
		前漢		
	アルサケス朝パルティア			
西暦紀元	ローマ帝国	後漢	原三国 三国 （新羅 百済 高句麗 加耶）	
	ササン朝ペルシア	魏晋南北朝		古墳
		隋唐		飛鳥
600年				奈良
	イスラムの征服			平安
	ウマイア朝		統一新羅　渤海	
	アッバース朝	五代		
	ブワイフ朝	宋	高麗	
1000年				
	セルジューク朝			鎌倉
	モンゴルの侵入	元		
				室町
			朝鮮	
	チムール帝国	明		
	オスマン朝　サファヴィー朝			桃山
1600年		清		江戸

に築き上げたのは真興王(チヌン)(在位五四〇〜五七六年)である。真興王の政策により、それまで小白山脈の内側にとどまっていた新羅の領域は高句麗・百済の版図を大きく削って西海岸に顔を出し、中国との直接的な交渉が可能になった。また、南方へも進出し、現在の慶尚南道地域に割拠していた加耶の国々を統合したのもこの時期である。

七世紀、唐王朝が中国を再統一すると、周辺の各国でもそれに連動する動きを見せる。この頃、高句麗と百済は同盟を結び、新羅は両国の侵攻に悩まされていた。唐の年号や衣冠制を導入し、中国文化を受け入れることで大国との結び付きを強めた新羅は、ついに六六〇年に百済を、六六八年には高句麗を滅ぼすに至る。さらに、韓半島進出を狙っていた唐をも駆逐し、ここに統一事業を成し遂げたのである。韓半島の統一を契機に、それ以前の新羅を「古新羅」と呼び、統一後の新羅を「統一新羅」と呼ぶ。

統一後の新羅は唐との関係を修復して、さらに積極的に中国文化を摂取し、都城制や官制、地方統治制度の整備を試みる。唐を中心とした東アジア世界の文化を担う優秀な一員であったといえよう。一方で、新羅は日本とも交渉を続け、日本が先進的な文物を輸入する際の窓口としての役割も担った。東大寺正倉院の宝物には、この頃の新羅から伝わった文物も多く含まれている。その後、第五六代の敬順王(キョンスン)が新興国の高麗に降伏する九三五年まで、約二五〇年あまりにわたって新羅は華やかな仏教国の文化を謳歌するのである。

東から見た慶州盆地

王都慶州の古墳文化

新羅は、現在の韓国慶尚北道慶州市の近隣において国としての体を成し、発展して三国統一を成し遂げ、やがて滅亡するに至る。その間、建国説話の時期を含めると約一〇〇〇年の間、地理的偏在性にもかかわらず、一貫して中心を慶州に置き続けた。慶州が「千年の都」と呼ばれる所以である。そのため、慶州の地には様々な時期の遺跡が幾重にも折り重なっており、慶州歴史地区として二〇〇〇年にユネスコ世界文化遺産に登録されている。

慶州の町に入ると、すぐにそれとわかる新羅時代の遺跡がいくつかある。その中でも、現代の市街地の所々に見え隠れし、広々とした芝生の広場にいくつも隆起する青々とした小山は、現在の町並みと見事に一体化しており、慶州の代表的な風景となっている。今から一五〇〇年ほど前に何百と造られた小山の群は、いうまでもなく新羅人たちの墓である。長い歳月の間に地上に痕跡をとどめなくなったものもあるが、慶州市内で現在番号が付されているものだけでも一五〇基以上を数える。

個人の墓が権力の大きさを反映する記念碑として築造される現象は、世界各地の歴史において多く見られる。韓半島史の中では三国時代がその時期にあたり、各地で外観を意識した古墳が造られた。中でも新羅の古墳は、その大きさと副葬品の面において他地域を圧倒する。これらの大型古墳はおおよそ五～六世紀の間に集中して造られたものだが、千数百年間の雨風などによる浸食に耐えて現在も築造当初からの形と大きさをよく保っており、盗掘の被害にもあっていないものが多いとされる。その理由は、慶州盆地に造られた大型古墳が積石木槨墳（つみいしもっかくふん）という種類の墓であったためである。

積石木槨墳とは、地表を掘り込んで木の槨を設置し、中に被葬者や副葬品を安置した木棺・木櫃（もくひつ）を納めて槨の蓋を閉じ、その上を厚い石積みで覆ったものである。石積みの上にさらに土盛を厚く施すため、外観上は封土墳のように見える。石で覆い尽くされた中心部は堅牢で、再び掘り起こすのは至難である。このような構造が、長年の自然的・人為的作用から新羅人の墓を守ったのであろう。積石木槨墳は韓半島の他の地域には見られない墓制であるため、その系譜に関しても外部からの影響を受けて成立したとする説、在来の木槨墓から発展したとみる説などがあり、議論が交わされている。

古墳は、単独で存在するものもあれば、二・三基が連接して築かれ、瓢(ひさご)形の外形を持つものもある。後者は夫婦や近親者が葬られた形と考えられる。韓半島で最大の古墳とされる皇南大塚(ファンナムデチョン)(皇南洞九八号墳)は全長が約一二〇mに及ぶが、実際には南墳と北墳の二基が連接した双円墳で、それぞれの埋葬施設から出土した副葬品の内容から、おそらく夫婦が葬られた古墳であると考えられている。大型古墳は慶州市内の特定地域にほぼ集中して分布しており、現在はそれぞれ別の名称で呼ばれているが、もともとは同一の墓域を形成していた可能性が高い。主なものには、皇南大塚や天馬塚(チョンマチョン)など代表的な大型古墳を含み古墳公園(大陵苑)として管理されている皇南洞古墳群、単独墳としては最大級の規模を誇る鳳凰台(ポンファンデ)古墳や学史上著名な金冠塚(クムグァンチョン)・瑞鳳塚(ソボンチョン)・金鈴塚(クムニョンチョン)・飾履塚(シンニチョン)などを含む路東洞(ノドンドン)・路西洞(ノソドン)古墳群、始祖および初期の王族の王陵と伝えられる五陵などがある。

一〇〇年以上にわたって慶州盆地の中心に造られ続けた巨大な古墳は、六世紀半ば以降には盆地を取り巻く山裾にその場所を移していく。この時期からの古墳の埋葬施設は、伝統的な積石木槨墳ではなく、東アジア世界で共通的に流行する横穴式石室を持つ古墳に移行する。埋葬にかかる各種経費や労働力を削減して薄葬化を進めるとともに、死者とともにあった王都は新しい姿に変わりつつあったのである。

積石木槨墳内部(天馬塚)

慶州の古墳(大陵苑)

金色の新羅王

金冠飾
慶州 金冠塚出土
新羅 5世紀　高 40.8cm
国立中央博物館　本館 9435

冠帽に付けられたと考えられる鳥の翼形の冠飾である。金板を透かし彫りし、全体に歩揺を付けることで装飾性を増している。同様のものは天馬塚でも出土している。

金冠

慶州 金冠塚出土
新羅 5世紀 高27.5cm
国立中央博物館 国宝87号

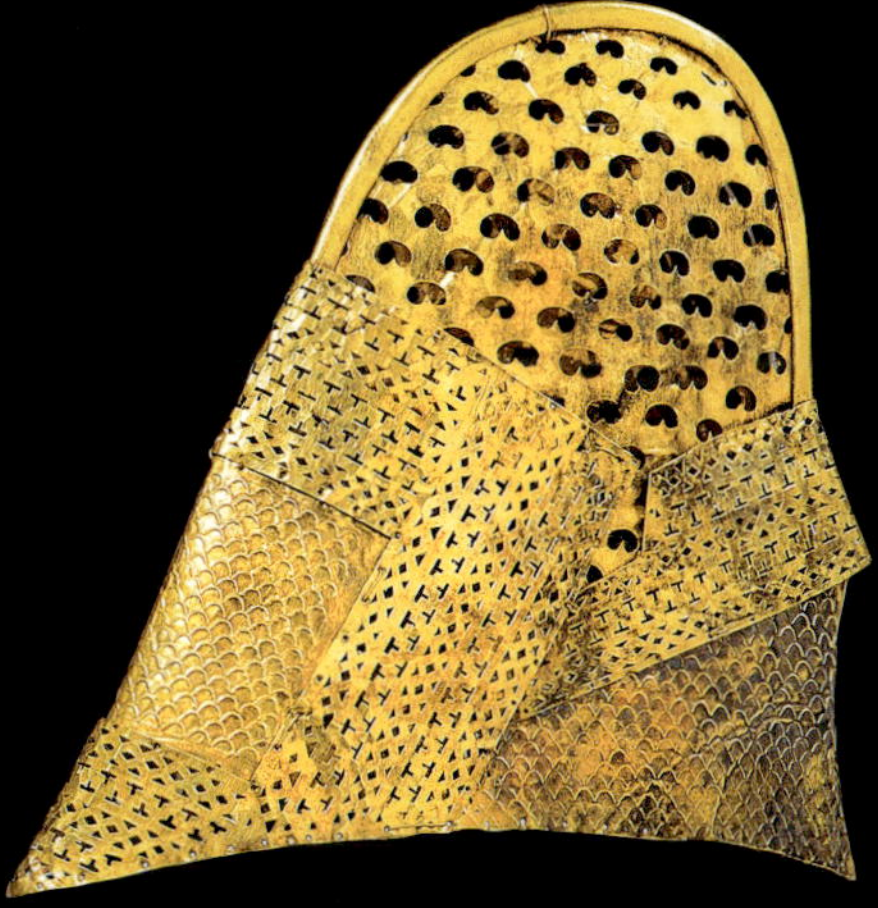

金製冠帽

慶州 金冠塚出土
新羅 5世紀 高17.6cm
国立中央博物館

金製耳飾

慶州 金冠塚出土
新羅 5世紀 高8.6cm
国立中央博物館

金製帯金具

慶州 金冠塚出土 新羅 5世紀 長109.0cm 国立中央博物館 国宝88号

新羅の典型的な帯金具で、何条にも下がる腰佩が特徴的である。腰佩には魚形飾りをはじめ、様々な品物が吊るされる。慶州市内の大型古墳からは金製で壮麗なものが多く出土する。

慶州にある大型の積石木槨墳は、考古学的研究により大部分が五世紀から六世紀の前半にかけて集中的に造られたことが明らかになっている。この時期、新羅では王は「麻立干」と呼ばれており、巨大な積石木槨墳は麻立干期の産物であるとされている。麻立干を称したのは第十九代の訥祇（ヌルジ）麻立干（在位四一七〜四五八年）から第二二代の智証麻立干（在位五〇〇〜五一四年、在位中に称号を改めたため、後に「智証王」と呼ばれる）までであり、もちろんこれらの人物は慶州盆地にある大型の積石木槨墳のうちのいずれかに埋葬されたことであろう。ただし、大型の積石木槨墳が造営されていた百数十年の間に、新羅で王位についた人物は多く見積もっても七〜八人に過ぎないため、慶州盆地に造られた大型古墳は大部分が王陵ではなく、王族や貴族などの墓を含んでいることになる。新羅の古墳からは墓誌などが出土しないため、実際の古墳と被葬者の名前とを一致させるのは難しいが、墳丘の大きさや副葬品の質・量から、王または王族の墓であることが想定されている古墳もある。

新羅のこの時期の古墳からは、極めて多種多様な副葬品が出土する。大量に副葬された土器やその他の器材も目を見張るものがあるが、新羅の古墳を最も特徴付けているのは、被葬者が身に着けていた壮麗な金属製の装身具類である。金属

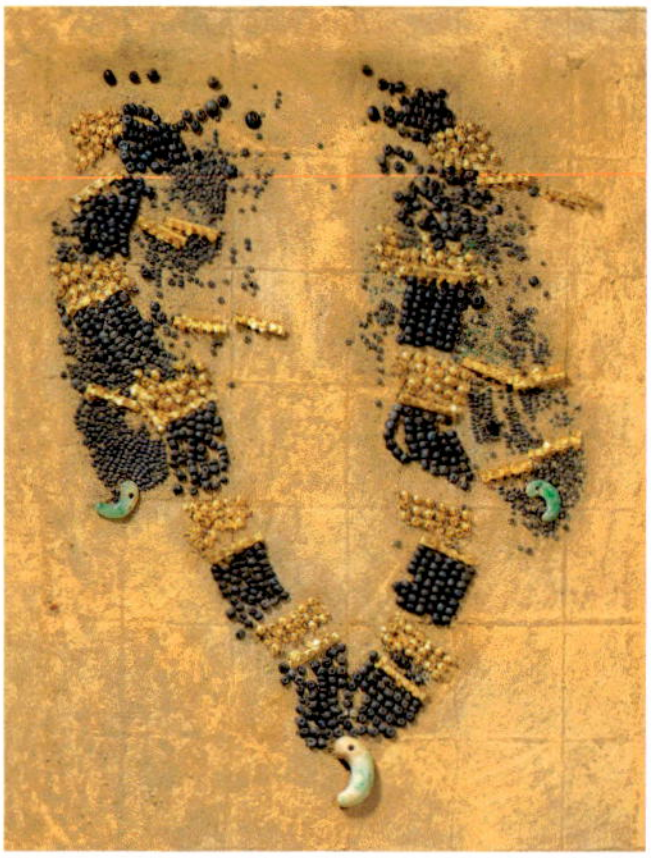

天馬塚出土の胸飾

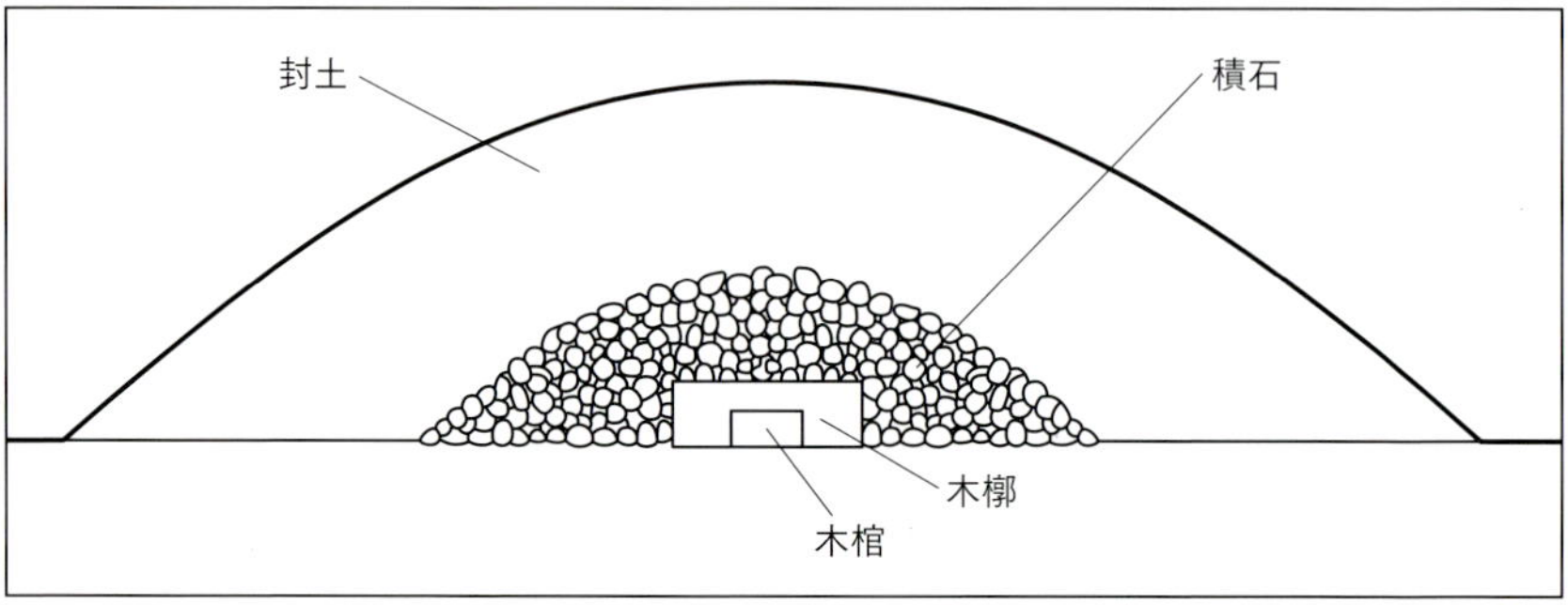

積石木槨墳の構造（断面）

製装身具には金・銀・金銅など様々な材質の違いがあるが、慶州の巨大な古墳から出土するものは、最も稀少であり永遠に輝きを失わない金で作られたものが多い。皇南大塚や天馬塚などの発掘資料は、当時の支配者の姿をありのままに現代に伝えてくれる。

王の頭部を飾る冠は、頭頂に被る烏帽子(えぼし)形の冠帽(かんぼう)、見事な透かし彫りと歩揺(ほよう)が施された鳥翼形および蝶形の冠飾などで構成されるが、中でも勾玉(まがたま)や歩揺がちりばめられた山字形の立飾が付いた金冠が目を引く。耳には金粒細工や兵庫鎖で装飾された垂飾付耳飾が着けられ、手にはやはり金製の指輪とブレスレットがいくつもはめられた。頸と胸を飾るのは、無数の玉類と金製の歩揺や中間金具などが組み合わさった頸胸飾である。また、腰に巻いたベルトには金製の銙板(かばん)が取り付けられ、何本もの長い腰佩(ようはい)が下がる。足に履いた飾履(しょくり)も華麗な透かし彫りが施された黄金色の履である。服にも金糸や歩揺が縫い付けられていたことであろう。手には、やはり金銀の細工を施した装飾環頭大刀を持つ。

新羅の王は、死してなお自らの体を黄金色に飾り立てることによってその権力を体現し、一五〇〇年後の現代にも威容を誇り続ける墓標を残して眠っている。ただ、その名だけは伝えることがなかった。

三累環頭大刀
慶州 皇南大塚出土　新羅 5-6 世紀
国立慶州博物館

金冠塚

慶州の古墳公園の北西にある路西洞古墳群に含まれる積石木槨墳で、日本の植民地時代にあたる一九二一年に発掘調査された。墳丘大部分が削られており、現在は土堤状に痕跡が残るだけとなっている。古墳の名称は出土した壮麗な金冠に由来し、その他にも耳飾・帯金具・釧(くしろ)・指輪・飾履など数々の金銀・金銅製品が出土した(十六・十七頁)。さらに中国製の青銅鐎斗(しょうと)、高句麗製とみられる青銅製四耳壺、西方のガラス器など、国際色豊かな遺物が出土している。

金銅製冠

伝 慶尚北道出土　新羅 5-6 世紀　高 40.0cm
国立慶州博物館　慶地 4554

新羅地域から出土する典型的な山(出)の字形の立飾をあしらった冠で、本品は 4 段で構成されている。材質は様々で、慶州市内の大型古墳からは金製のものが多く出土するのに対し、地方では金銅製が多い。

金銅製透彫冠帽

伝 慶尚南道昌寧郡出土
三国時代 6 世紀　高 41.8cm
東京国立博物館
重要文化財 TJ-5033
Image: TNM Image Archives
Source: http://TnmArchives.jp/

新羅の土器

一般に新羅土器には薄手で硬く焼き締まり濃い灰色を帯びたものが多く、かつて「新羅焼」などの名称が用いられたほど、韓半島三国時代を代表する土器として認識される。古墳にも大量に副葬され、定形化した土器を量産する高度な土器製作技術を有していたことが窺われる。

一方、新羅土器には動物や器財を模したもの、器の上に人物・動物形土製品を貼り付けたもの、特徴的な形の器など、特別な用途に使用されたと思われる土器も多く、新羅人の多様な精神世界をあらわしている。統一新羅時代には、スタンプで様々な文様を押して器面を飾った印花文土器が作られ、広く流行する。

燈盞形土器
新羅 5-6 世紀　高 14.5cm
国立慶州博物館　接 1024

人物装飾付高坏
伝　慶尚北道亀尾市出土
新羅 5-6 世紀　高 23.3cm
東京国立博物館　TJ-5320
Image: TNM Image Archives
Source: http://TnmArchives.jp/

鴨形土器
伝　慶州　校洞出土
原三国 3-4 世紀　高 34.4cm
国立慶州博物館　菊隠 142

鳥形土器
新羅 5-6 世紀　高 20cm
国立慶州博物館　接 1049

統一国家、新羅の王京

慶州盆地の中心で巨大な古墳の築造が低調になる頃、王都は変貌を遂げていた。五五三年に着工されたとされる新羅随一の伽藍を持つ皇龍寺（ファンニョンサ）の建設も、新しい王都の誕生を告げる事業であった。多大な労力を費やして墳墓を築造する行為は徐々に行なわれなくなり、埋葬される人物も自らを飾り立てることはしなくなった。薄葬の思想は、新しい都の整備とともに各地にも広がっていった。身分秩序の再編に連動した社会の変化が新羅に起こったことを示している。古墳の縮小や装身具の簡略化は、権力の所在を可視的な方法によって表現する世の中が終焉したことを物語る。それに伴って始められたのが身分制度と居住空間の再整備である。

慶州は、現在の町並みにも古代の条坊の痕跡が残っており、発掘調査によっても道路や坊の跡が確認されている。また、古新羅時代の王城は盆地の南側に位置する三日月形の丘陵「月城（ウォルソン）」に置かれていたが、統一新羅時代には盆地の北側にも新たに宮闕（きゅうけつ）が造られた。このように、碁盤目状の道路区画や宮城を都の北側に置く配置に中国の都城制の影響があったことは明らかであり、その他にも様々な文化がこの時期に唐から取り入れられている。ただし、新羅の新都城は、同時期の唐長安城や日本の藤原京・平城京などのように都全体が方形を呈してはいなかった。そして、前代に築造された巨大な古墳群が都の中心にそのまま残されるが、これは京外埋葬が大前提であった中国式都城制からすると、異例のことである。遷都を行わない国家であったことが都城のあり方にも反映されており、新旧の都

皇龍寺跡全景

皇龍寺復元模型

印花文土器
慶州 月城出土
統一新羅 7-8 世紀　径 15.2cm
国立慶州博物館　月城 650・750

7 世紀頃から新羅では碗形の土器が流行するようになり、器面には円形や馬蹄形のスタンプ文が一面に施されるようになる。このような印花文土器は統一新羅土器を代表するもので、広い範囲で流行した。

印花文土器
統一新羅 7-8 世紀
高 23.5cm
東京大学考古学列品室

慶州に残る条坊の跡(左側の三日月形の丘陵が月城)

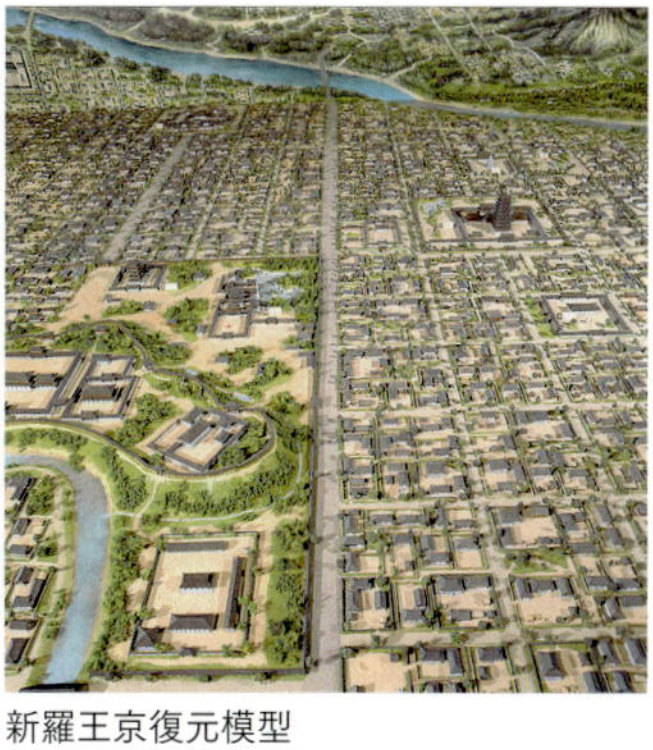

新羅王京復元模型

が融合した東アジアで類を見ない都城の姿が、統一新羅時代の慶州では見られたことであろう。

慶州は、統一国家となり韓半島全域を統治する新羅の都としては、東南の隅に片寄りすぎていた。そこで、広くなった領土を統治するために九つの州と五つの小京を各地に設置し、都の機能を担当させている。中原京・北原京・西原京・南原京・金官京の五つは、今でも条坊の痕跡が確認できるものがあり、都の文化を各地方に浸透させる役割を果たしていた。都で主に使用されていた華麗な印花文土器なども、おそらく小京など地方の拠点を介してそのデザインが全国に伝達され、地方においても中央と同じ流行を追って趣向が変化したことであろう。

金庾信将軍墓

統一新羅の各種印花文土器（雁鴨池出土）

花開く統一新羅の文化

統一新羅の慶州には、当時の文化や技術を反映した施設が多く造られた。天文台とされる瞻星台（チョムソンデ）や曲水宴を催したとされる鮑石亭（ポソクジョン）、石窟庵のドーム状天井、全国に散在する統一新羅寺院の石塔や浮塔（ふとう）（浮図（ふと））などは、当時の精緻かつ優美な石工技術の存在を示すものである。石工技術は、慶州南郊の霊山、南山の至るところに散在する仏跡に代表されるように、仏教信仰を表現する手段としても発展を遂げた。古新羅時代には目立った技術を持たなかった新羅の石造工芸は、統一期に入って花開き、新羅文化の各処を彩る主役となる。文化を謳歌した主人公は、王族に加え、新たに台頭した貴族・官僚層であった。

統一新羅の文化の結晶といえるのが、六七四年に完成したとされる雁鴨池（アナプチ）（月池）である。雁鴨池は王宮跡である月城の東辺に位置し、新羅の太子が起居した東宮とともにあった苑池である。広大な池の周囲は石築の護岸が廻らされ、臨海殿と名づけられた殿閣が建ち、珍奇な動物が飼われた人工の庭園は、韓半島を統一した新羅の盛時を象徴する饗宴の場であった。池底の発掘調査では、王侯貴族が乗った舟や、酒宴の際の余興に用いられた酒令具などが発見されており、華やかな貴族文化を今に伝えている。

雁鴨池の遺物は、東アジア諸地域の文化の質が最も接近した時期の様相を反映している。土器や金属器に示された類似性だけでなく、儀鳳（ぎほう）四年（六七九年）銘瓦や調露（ちょうろ）二年（六八〇年）銘文様塼（せん）など唐の年号が刻まれた遺物は、中国と新羅との

鮑石亭（ポソクジョン）

慶州市街地の真南に位置する鮑石亭は、統一新羅時代に造られた庭園の跡と考えられ、曲水宴などが催されたとされる。花崗岩を滑らかな曲線状に加工して溝状に組み、水がめぐる仕組みになっている。水路の一方の端には皿状の石槽があり、水を受け流すようになっている。直線を用いない造形に王侯貴族の趣向が窺える。

極めて密接な関係を物語っている。その貴族文化の東流が新羅までにとどまらなかったことは、雁鴨池から出土した金銅鋏や銅鋺（佐波理）などの器物が、日本の東大寺正倉院に新羅文書とともに保管されていることからも窺える。

雁鴨池全景

金銅製鋏
慶州 雁鴨池出土
統一新羅 7-8 世紀
国立慶州博物館

銅鋺
慶州 雁鴨池出土
統一新羅 7-8 世紀
国立慶州博物館

新羅の仏教文化

仏国寺釈迦塔

統一新羅は仏教文化が隆盛した国家であった。新羅が仏教を公認したのは六世紀前半の五二七年であり、高句麗の三七二年、百済の三八四年に比べると格段に遅れた感がある。しかし、七世紀までの間に、新羅仏教の中心となる皇龍寺の建設をはじめ、慶州盆地とその周辺には大小の寺院が創建された。都市の発展とともに慶州は名実ともに仏教の都となっていったのである。特に皇龍寺の木造九重塔は新羅を代表する大建築で、その伽藍の巨大さとともに護国仏教を象徴するモニュメントであった。国を挙げての仏教への傾倒を伝える大伽藍は、今その跡だけをとどめるに過ぎない。

慶州近郊には、著名な仏国寺や石窟庵など、現在も寺院としての機能を保つ統一新羅からの仏跡があり、観光客も絶えない。また、慶州盆地の南に位置する南山は、山全体が多くの仏跡を抱えた統一新羅時代の霊場であり、百を超える寺跡や石塔・石仏・磨崖仏などが残る。新羅時代に創建された寺院の跡は、現在では訪ねる人も少なく、伽藍の跡と石塔だけが残されている場所も多いが、その数だけを見ても、往時の仏教の隆盛は推して知るべしである。

石窟庵石仏

西アジアと新羅

新羅文化の特異さは、伝統的文化に混じって思いがけない外来文物が入り込んでいる点である。それがユーラシアの最東端に達していること自体に驚きを感じるが、それは決して偶然流入したというレベルではない。一定期間継続して意識的に入手していたことを窺わせる量が出土しているのである。

古新羅時代、五・六世紀の外来文物は、西アジアをはじめとする西方からのものが多い。古墳から出土するガラス容器、ガラス玉、金属製品などである。また、様々な遺物に刻まれた文様にも、西方に起源するものが含まれている。これらの多くは、形態や製法からみて新羅で作られたものとは考えがたく、直接ではないにせよ、遥か西アジアなどの遠方からはるばるもたらされたと思われる。新羅の王墓に入るまでに、どれだけ多くの人の手を介したことであろうか。この時期、大陸を大きく東西に横切る物資集散の交易網が形成されており、そのルートの片方の端に、新羅が乗っていたことだけは確かである。

ユーラシア西方の文物が東伝する際のルートを考える上で注目すべきは、古新羅の遺跡から出土する中国系文物の少なさである。同じ時期、隣国の百済で盛んに中国製品を輸入していた状況とは大きく異なっている。百済地域では現在までに一〇〇点以上の中国製陶磁器が確認されているのに対し、古新羅の遺跡では皇南大塚から出土した褐色釉瓶の一点が挙げられる程度である。このことからも、新羅に流入したこの時期の西方系文物が、中国を介して入ってきたとはやや考えにくい。

新羅の特徴的な各種装身具や武器類は、近隣諸国では例を見ないほどに光り輝き、その中には皇南大塚から出土した宝石類を嵌め込んだ金製ブレスレットや鶏林路(ケーリムロ)十四号墳出土の瑪瑙(めのう)を嵌め込んだ装飾宝剣など、西方のものも含まれている。新羅土器に多い角杯(かくはい)は、北方の草原の民が好んで用いたものに酷似し、その系譜は遥かギリシアやペルシアのリュトンにもつながるかもしれない。ユーラシアを東西に貫いていた騎馬の文化は、文物が移動する際

装飾宝剣

慶州　鶏林路 14 号墳出土
新羅 5-6 世紀　高 36.0cm
国立慶州博物館　宝物 635 号　鶏林 9

貴石を嵌め込んだ金製の短剣。金細工で巴文や波形文様を作り、瑪瑙やガラスを嵌め込んでいる。カザフスタンのボロウオエなどでも同様の形態の短剣が出土しており、西方との関連を想起させる。

の媒体となったことであろう。これらはすべて西アジアで作られたものが新羅に流れ込んだルートやその源流地、あるいは中継地を辿る上での指標となるものである。

ユーラシアの東端にいた新羅の支配者たちが、西からもたらされたガラス器を手にして何を感じていたかはわからない。しかし、彼らが西方の文物を好んだのは確かであり、見果てぬ彼地の文化と、それを運んだ遥かな道に想いを馳せたであろうこともまた確かなように思われる。

鞍金具
慶州 天馬塚出土　新羅 5-6 世紀
国立慶州博物館

動物俑
慶州 隍城洞・龍江洞古墳出土　統一新羅 7 世紀
国立慶州博物館

雲珠
慶州 皇南大塚出土　新羅 5-6 世紀
国立慶州博物館

中国と新羅、そして日本

六世紀に至り、新羅は外部との接触の仕方を変える。国力を高め、境を接して領土抗争を展開していた高句麗や百済に対抗するためには、実効力のある中国の法制度や統治方式を導入し、思想を統一する必要があった。六世紀前半、法興王代に導入されたとされる新しい身分秩序は、服飾の色によって身分の高低を規定するものであった。『三国史記』に「始制百官公服、朱紫之秩」とある。この時期に完全に中国の衣服制が定着したわけではないが、同じ頃に支配者の身を飾った黄金の装身具が姿を消していくのは、偶然の一致ではない。

東アジアの状況が大きく転換してきた一つの画期は、七世紀前半における唐の出現であり、それと連動して韓半島では新羅が三国を統一し、飛鳥時代の日本では古代国家が完成をみた。この時期以降、各国は伝統性・独自性を保つ中に、中国を中心とする求心的な文化圏を形成させた。新羅では、韓半島の統一を前にして、唐の援助を取り付けるために、唐の文化や制度を積極

三彩壺
慶州 朝陽洞出土　国立慶州博物館

人物俑
慶州 隍城洞・龍江洞古墳出土　統一新羅 7 世紀　国立慶州博物館

的に受け入れる方策を打ち出している。最も顕著なのが、文献にも記録された唐衣服制の本格的な導入である。七世紀半ば、韓半島統一を前後する時期に造られた新羅の古墳からは人物俑が出土するが、彼らが着用している服は唐の官服そのものである。衣服制だけでなく、俑を古墳に副葬するという埋葬習俗までも唐から伝わっていたことがわかる。巡方（じゅんぽう）や丸鞆（まるとも）など唐風の帯金具が新羅の古墳から出土し始めるのも、この時期からである。ところで、統一新羅の人物俑や墳墓の前面に立て並べられた石人像には、西域人の顔立ちを思わせるものも含まれている。この時期に見られる西方の雰囲気は、唐を介して入った唐文化の一部とみた方がよい。

慶州の隍城洞（ファンソンドン）石室墳からは男女の人物俑が出土しているが、男性の像は唐の官服を、女性の像は韓半島の伝統的な服を着ている（三一頁）。奈良の高松塚古墳に描かれた男女の人物画と共通しており、興味深い。同じく奈良のキトラ古墳に描かれた獣頭人身の十二支神像も、統一新羅の古墳でよく見られるモチーフである。日本では、東大寺正倉院の御物から唐や新羅の雰囲気を最も強く感じることができる。その中には西域由来の文物も含まれているが、日本列島が直接西方とつながっていたわけではない。唐や新羅という濾紙によって濾され、精選されたものがユーラシアの東の海を渡ったのである。その渡海には新羅の支配階層から商人まで、様々な階層が関わっていた。この時期、ユーラシアをめぐる文化の対流は、多くの人々が関わりながら、大陸内部にとどまらず日本列島を含む周辺の島嶼部をも巻き込んで回り続けたのである。

青銅製十二支像

慶州　龍江洞古墳出土　統一新羅 7 世紀　国立慶州博物館

第二部

新羅の中のユーラシア

新羅は、ユーラシアの最も奥に位置する国であった。大陸各地で国の分裂と統合が繰り返されていた頃、新羅は誕生から滅亡まで一度も都を動かさず、大陸文化とは遠く離れた地に居続けた。にもかかわらず、新羅の遺跡ではガラス器、ガラス珠、金銀器などから文様意匠に至るまで、遥かユーラシア西方の香りを伝える様々な文物が発見される。大陸を大きく東西に横切る交易網の片方の端に、極東の国は確かに加わっていた。ユーラシアをめぐる文化の潮流が行き着く先は、新羅の地であった。

ガラス器

ガラスは人類が生み出した人工素材で、その起源は金属精錬技術の発達と深く結び付いていると考えられている。西アジアにおけるガラスの生産はアッカド王朝期(前二四〇〇〜二一〇〇年頃)にはじまる。この頃のガラスはビーズや護符などが作られていたが、形や色調からラピスラズリなど貴石の模造品として使用されていたと考えられる。西アジアの一部が鉄器時代へ移行しはじめる前二千年紀中頃になると、ガラス容器が出現する。ガラス容器の製作には耐火粘土などの芯に溶けたガラスを巻き付けて作るコア・ガラス技法や様々な色ガラス片を並べて加熱・繋ぎ合わせるモザイク技法、前一千年紀には鋳造(ちゅうぞう)技法も用いられた。これらの技法は高度な技術が必要とされ、ガラス容器は高級品であった。

前一世紀中頃、ガラスの粘性を利用した吹きガラス技法が考案されると急速に普及・一般化し、特に東地中海沿岸地域でガラス工芸は大きく発達した。西ローマ帝国が滅亡する五世紀後半までにローマ領内で製作されたガラス器はローマ・ガラスと総称され、交易品としてユーラシア各地に運ばれた。ローマ・ガラスの技法は東方へ伝わり、メソポタミアからイランにかけて強盛を誇ったササン朝で製作されたガラスは華麗なカットで知られ、ササン・ガラスと呼ばれる。

東アジアでは中国で春秋戦国期にガラス玉、前漢期には中国製ガラス容器が出現したが、西アジア産のガラスが流入し続けたことも明らかになっている。後漢期にはローマ・ガラス、南北朝期にはローマ・ガラスとササン・ガラスがもたらされている。これら西アジアのガラスは東西を結ぶ交易ルートにのって韓半島へも伝えられたのである。

天馬塚

皇南洞155号墳。慶州古墳公園(大陵苑)内にある単独墳で、隣接する皇南大塚の予備調査として1973年に発掘調査された。古墳の名称は、出土した馬具のうち白樺製の障泥(あおり)に躍動的な白馬(天馬)の絵が描かれていたことによる(109頁)。新羅の独特な金冠をはじめ、12,000点におよぶ遺物が出土した。亀甲文紺色杯(51頁)は西方に多くの類例のあるガラス器である。現在古墳は展示館として整備されており、古墳内部には積石木槨の構造と遺物出土状況が復元され、積石や封土の厚さがわかるようになっている。

新羅のガラス

三国時代の韓半島では十遺跡から二五個のガラス容器が出土している。これらは新羅の都慶州周辺に集中しており、現在までのところ高句麗や百済の領域では出土していない。新羅のガラスのほとんどは、皇南大塚、瑞鳳塚、金冠塚、金鈴塚、天馬塚といった四～六世紀の積石木槨墓から出土している。これら墳墓の副葬品には金冠が含まれており、ガラス容器は王族など限られた階級だけが所有することができたことを物語っている。

新羅出土のガラス	
月城路カ 13号墳	環状口縁貼付蛇行文杯
皇南大塚南墳	貼付紐状装飾鳳首形台付瓶
	環状口縁貼付網目文杯
	環状口縁淡緑色杯
	淡緑色杯
	紺色碗
	紺色瓶破片
	器形不詳
皇南大塚北墳	褐色縞目文台付杯
	円形切子杯
	紺色丸底杯（環状口縁か）
	紺色杯片
	器形不詳
金冠塚	環状口縁環状凸帯貼付紺色鋸歯文台付杯
	環状口縁環状凸帯台付杯
天馬塚	型吹亀甲文紺色杯
	淡緑色台付杯（破片）
瑞鳳塚	環状口縁貼付網目文杯
	環状口縁環状凸帯紺色碗
	環状口縁環状凸帯紺色碗
金鈴塚	貼付紺色斑点文丸底杯
	貼付紺色斑点文丸底杯
雁鴨池	緑色杯
安渓里 4 号墳	緑紺色杯
玉田 M 1 号墳	貼付紺色斑点文丸底杯

法門寺（873年）

遼・陳国公主墓（1018年）

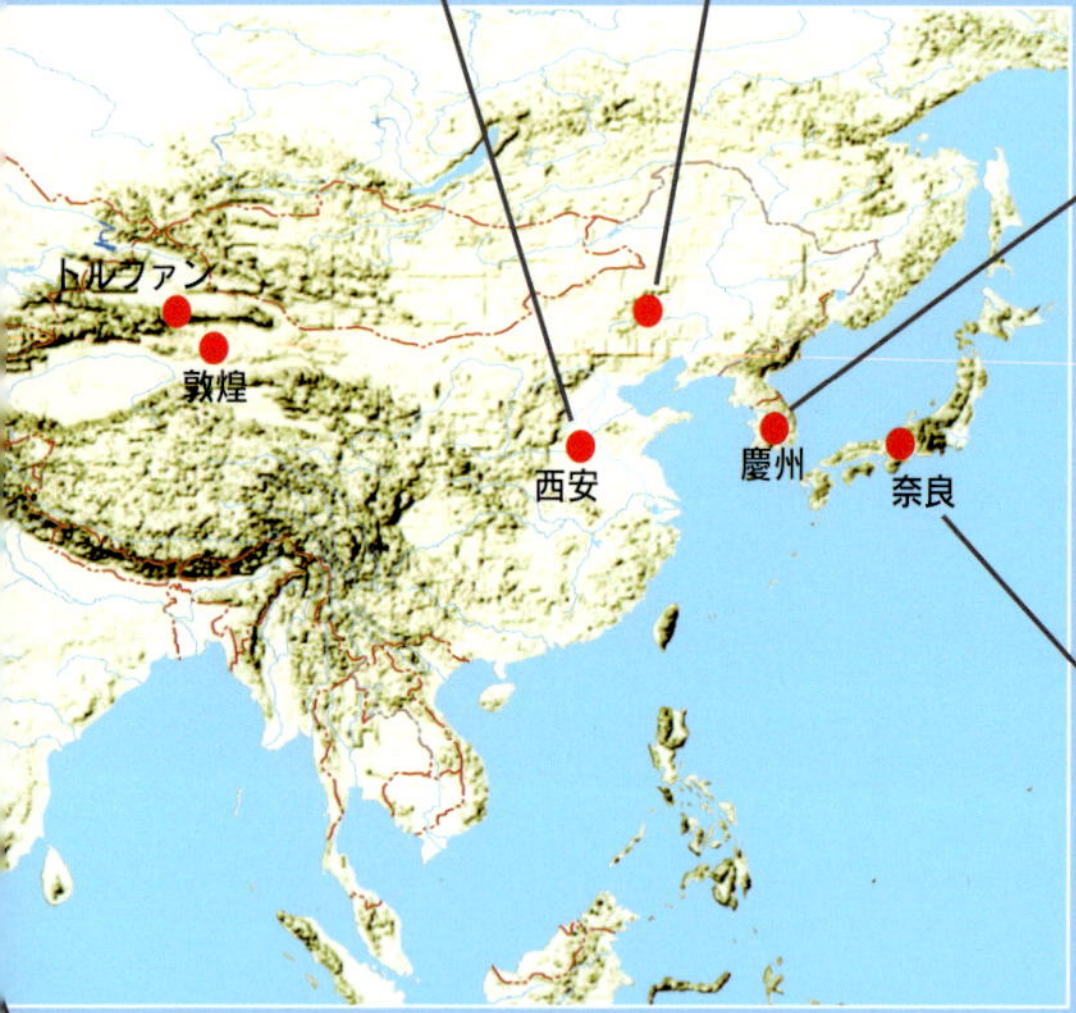

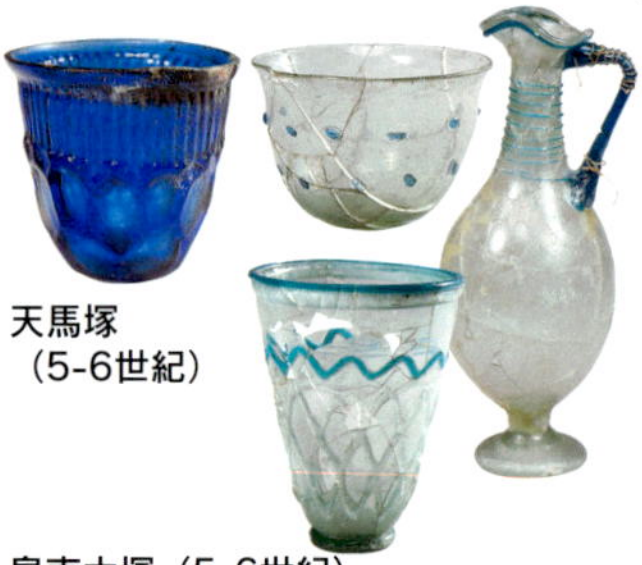

天馬塚（5-6世紀）

皇南大塚（5-6世紀）

正倉院（8世紀）

ベグラム（1-3世紀）

現在までのところ、ガラス容器は新羅でのみ出土している。中国の南朝と接触があったと考えられる百済ではガラス容器が出土していないだけでなく、中国において新羅のガラスの類品がほとんど出土していない。このことから、中国を経由しない北方のステップ・ルートを経て西方のガラス容器が新羅へ搬入されたと考えられている。

世界のガラス出土図

クラスノダル（前1-後1世紀）
ウィンドニッサ（1世紀）
カラニス（2-5世紀）
キシュ（5-6世紀）
ニシャプール（9-10世紀）
ローマ
イスタンブール
サマルカン
ブハラ
アレッポ
ニシャプール
アレクサンドリア
ダマスクス
フスタート
イスファハーン

皇南大塚出土のガラス

皇南大塚は慶州を代表する大型の双墳で、合わせて十二点(南墳七点、北墳五点)のガラス容器が出土した。新羅のガラス容器の約半数を占めるだけでなく、一墳墓からの出土数としては東アジアでもっとも多い。

南墳出土の鳳首瓶(左頁左)は紺色の把手が金線で修復がなされた状態で出土していることから、使用時にすでに破損していたらしい。東アジアには類例がもとめられないが、地中海周辺地域の製作とされる類例が数多く現存する。同じく南墳出土の環状口縁貼付網目文杯(左頁右下)は中空の環状口縁と網目状を呈する波状文が特徴である。同工のものは月城路カ十三号墳、瑞鳳塚、金冠塚から出土しており、製作地域や時期はほぼ同じと考えてよいだろう。貼付波状文は五世紀のローマ・ガラスに多く見られ、黒海北岸のローマ遺跡から多数出土している。特に環状口縁と貼付文を有する例は中国の河北省景県祖氏墓(五～六世紀)、中央アジアのカザフスタン共和国、キルギスタン共和国で出土している。

北墳出土の縞目文台付杯(左頁右上)は透明ガラスに褐色の縞目文を施したもので他に類例を見ないが、一世紀頃の東地中海沿岸地域で盛行した縞目文ガラスに近い技法を用いたものと考えられる(右下)。

以上のように新羅のガラス容器は、器形や製作技法にローマ・ガラスとの類似性が認められることから、西アジア製ガラスがユーラシア大陸北方を通るステップ・ルートを経由して新羅へもたらされたものと理解されてきた。しかし、近年なされた皇南大塚南墳出土ガラス六点の成分分析の結果によれば、成分組成は中央アジア由来のガラスである可能性を示しているという。つまり、慶州出土のガラスの中には中央アジアで製作された「ローマ系ガラス」が含まれているというのである。だとすれば単なるシルクロード交易の中継点ではなく、モノや情報の発信地として中央アジアをとらえ直す必要がある。

マーブル文ガラス小瓶

東地中海沿岸　１世紀頃　高 8.6cm　古代オリエント博物館　AOM842

様々な色のガラス棒を組み合わせることで生み出される、美しい縞目文の瓶は１世紀前後の東地中海周辺地域で盛んに製作された。本作と同工のガラス瓶はアフガニスタンからも出土しており、交易の範囲を知ることができる。慶州の天馬塚から出土した縞目文台付杯は本作に近い技法を用いたと考えられるが、文様・器形ともに類を見ないものである。

貼付紐状装飾鳳首形台付瓶
慶州 皇南大塚南墳出土
新羅 5-6 世紀　高 24.7cm
国立慶州博物館
国宝 193 号

褐色縞目文台付杯
慶州 皇南大塚北墳出土
新羅 5-6 世紀　高 7.0cm
国立慶州博物館
宝物 624 号

環状口縁貼付網目文杯
慶州 皇南大塚南墳出土
新羅 5 世紀　高 12.8cm
国立慶州博物館

皇南大塚

皇南洞九八号墳。慶州古墳公園(大陵苑)にある瓢形墳で、南墳と北墳からなる。二基を合わせた規模は韓半島で最大級であり、新羅の最高階層の人物(王)の墓と考えられている。一九七三年から一九七五年にかけて発掘調査が行なわれ、積石木槨内部をはじめ各所で夥しい数の遺物が出土した。南墳では装身具類やガラス器などの他に、玉虫装飾の金銅透彫鞍金具が出土しており、注目されている。北墳では「夫人帯」と刻まれた銀製帯金具が出土しており、男性被葬者の墓(南墳)の築造後にその夫人が埋葬された夫婦墓であると考えられている。

貼付斑点文

透明ガラスに貼付斑点文をもつ容器の出土例は多く、エジプト、シリア・パレスティナといった東地中海周辺からヨーロッパに及ぶローマの版図から報告されている。また中央アジアからコーカサスの三〜五世紀の遺跡から約五十点に及ぶ出土が知られており、東地中海沿岸地域から東アジアへの伝播のルートを類推することができる。

貼付斑点文ランプ

東地中海沿岸地域　ローマ時代 4世紀　高 14.9cm　岡山市立オリエント美術館　085-0397

紺色ガラスによる斑点文装飾を持つ、淡緑色透明ガラスのランプ。宙吹きで、口縁部研磨成形。器形は尖底角杯形で、口縁はやや外反する。胴部上半に紺色ガラス斑点文を貼付(19個)し、上下をグラインダー研磨による水平圏線で区画している。類品が出土したジャラーム遺跡(イスラエル)ではガラス製作工房も検出されており、4世紀中頃に年代づけられている。出土地とされるイランへは搬入されたものだろう。

貼付斑点文丸底杯

慶州 金鈴塚出土　新羅 5-6 世紀　高 7.3cm　国立中央博物館　本館 9704

淡緑色透明の杯で、口縁口焼き、底部にポンテ痕が残る。口縁はやや外反し、胴部には 2 段にわたって紺色ガラスによる貼付斑点文が施される。ほぼ同一のガラス容器が金鈴塚からもう 1 点、玉田 M1 号墳から 1 点出土している。

紺色素文

新羅のガラス容器二五点のうち八点が紺色を呈している。濃紺のガラス容器は、古くはアメノフィス二世期のエジプト(前十五世紀)やメソポタミアのアッシュル出土品(前十三世紀)などにみられる。西アジアで好まれた貴石ラピスラズリを思わせる濃紺のガラス容器は、新羅の貴人の目も楽しませたことであろう。

紺色杯

慶州 安渓里４号墳出土　新羅 ５世紀　高 7.0cm　国立慶州博物館　慶州 4668

紺色透明で宙吹き、口縁口焼き処理を施した素文の杯である。底部は上げ底状になったいわゆるキック底で、ポンテ痕が残る。波打った器壁、横にのびる大きな気泡は素材ガラスの不純物あるいは処理温度の低さに起因するものと考えられる。単純な器形、拙い製作技術の作品であるが故に製作地への興味をかきたてられる。皇南大塚北墳出土紺色丸底杯にも同様の特徴が認められる。

脚杯

東地中海あるいはイタリア　4-6 世紀　高 17.4cm　MIHO MUSEUM　SS1615-166

紺色透明ガラスの脚杯。宙吹き、口縁研磨処理。口縁はやや開き、円錐形の胴部には三単位のガラス紐を波立たせた装飾が底部から口縁下まで貼り付けられている。

カット(切子)技法

透明ガラスを鋳造、カットを施したガラス容器は前八世紀のアッシリアにみられ、アケメネス朝期にも好んで用いられた施文技法であるが、吹きガラスにグラインダーを駆使したカット技法が盛行するのはローマ時代以降のことである。ローマのカット・ガラスはローマ帝国の全域だけでなく現在のアフガニスタンにまで分布し、当時の交易範囲の広さを示している。のちにササン朝につたわり、正倉院に伝世する円形切子碗のようなカット・ガラス(四八頁)が数多く製作された。

ササン朝のガラスは基本的にローマ・ガラスの技法にならったものであり、器形や技法から区別することは難しい。皇南大塚出土の円形切子杯に器形や技法が類似する奈良県新沢千塚一二六号墳出土ガラス碗は蛍光X線分析の結果、ササン・ガラスとされている。

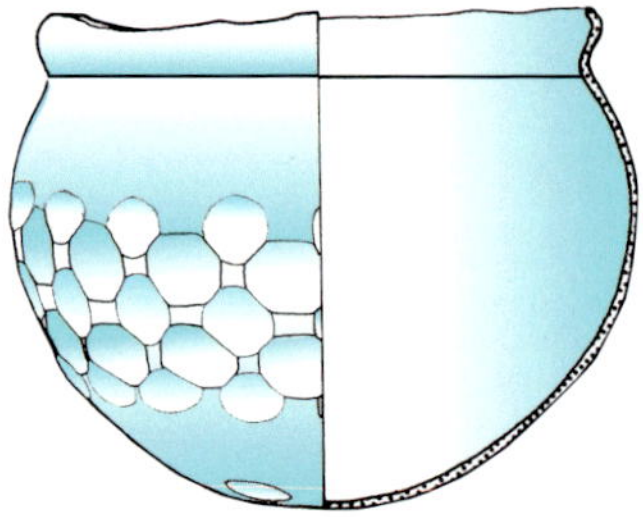

新沢千塚出土ガラス碗

円形切子杯

慶州 皇南大塚北墳出土　新羅 5-6 世紀　高 6.6cm　国立慶州博物館　皇北 519

皇南大塚北墳出土の円形切子杯は淡黄緑色透明、口縁下に若干の括れをもつ杯である。型吹き技法を用いたともいわれるが、ポンテの痕跡は後のカットにより確認できない。徐冷後、口縁を研磨したのち胴部に２段の帯状カットを施し、その上下に九段の不整円形カットを施している。

切子括碗

東地中海沿岸地域　ローマ時代 3 世紀　高 5.8cm　岡山市立オリエント美術館　432-2134

楕円形切子括碗

東地中海沿岸地域　ローマ時代 3 世紀　高 7.1cm　岡山市立オリエント美術館　434-2143

淡緑色透明ガラスの碗で、宙吹き、口縁部研磨。口縁下部に括れを有する半球形の胴部にカット装飾が施される。同様の特徴を持つガラス容器はローマ・ガラス、ササン・ガラス双方に見られ、これらの製作地については意見が分かれていた。蛍光 X 線分析の結果、成分はローマ・ガラスの特徴を示した。なお、類似した特徴を持つササン・ガラスの括碗が、イランのハルサ＝ハーネ、イラクのテル＝マフーズ、ヴェー＝アルダシール、中国の湖北省鄂城県五里墩、わが国の新沢千塚 126 号墳で出土している。

∨切子装飾杯

東地中海あるいはイタリア　1-2 世紀　高 13.1cm　MIHO MUSEUM　SS1615-171

淡黄緑色透明ガラスを型吹き、徐冷後カットを施した杯。胴部には細長い六角形のカットが縦に三段半、34 列で一周している。口縁と足回りは薄く研磨し、底部は小さな高台を削りだしている。端正な器形の杯である。

切子装飾杯

東地中海あるいはイタリア　1-2 世紀　高 18.9cm　MIHO MUSEUM　SS1615-172

透明ガラスを型吹き、徐冷後カットを施した杯。胴部には三段の切子装飾帯がめぐり、口縁および切子装飾帯の間には区画線を削り出す。ローマの高いカット技術を見ることができる。

円形切子碗

イラクまたはイラン　6 世紀　高 8.8cm　岡山市立オリエント美術館　007-0129

淡緑色透明ガラスの碗。厚手宙吹きで口縁口焼きのため丸みを帯びているが、ポンテ痕は切子により消滅している。外面には円形切子装飾が上から 16、16、13、7、1 個施される。切子が密ではないため円形をとどめており、正倉院御物のような亀甲状を呈してはいない。上部ほど銀化が見られるが、風化の比較的軽微な完形品である。

円形切子碗

イラクまたはイラン　6 世紀　高 9.1cm　古代オリエント博物館　SSC231

イラン北西部出土とされる類品が古物市場に出回ったことからこの地を製作地と考える説もあったが、現在ではクテシフォンやキシュなどササン朝の都周辺で 6 世紀頃製作されたものと考えられている。正倉院御物の白瑠璃碗の他に東アジアの出土品としては伝安閑天皇陵出土品、中国咸陽の王士良墓(583 年葬)出土品があり、中央アジアでの出土例などシルクロードを経由した交易を跡づけるものとして重要である。

切子装飾碗

東地中海あるいはイタリア　3-5 世紀　径 12.3cm　MIHO MUSEUM　SS1615-174

淡緑色透明ガラスの吹きガラス碗で、口縁部研磨。口縁付近で内湾気味に開き、外面に縦長のカット 46 個を施す。半球形の胴部外面には大きな円形切子 4 つ、底部に小さめの円形切子を施している。ローマとササン朝のカット意匠の両方を感じさせる移行期の作品である。

型吹き技法

　ガラスを型に吹き込むことで成形と装飾を同時に行うことのできる型吹き技法は、東地中海沿岸で一世紀初頭以降みられる。この技法は一つの型から同じ文様を吹き出すことのできる、量産に向いた技法である。

　東地中海沿岸地域では、カット技法によって天馬塚出土品と類似する文様構成を持つガラス容器がみられることから（四九頁参照）、これを型吹きで量産したものと考えられる。

型吹亀甲文淡緑色杯
イラン　3-4 世紀　高 7.0cm　東京個人蔵　IT181
天馬塚出土品と同工の杯。本作はイラン出土と伝えられ、イランへは搬入されたものと考えられる。

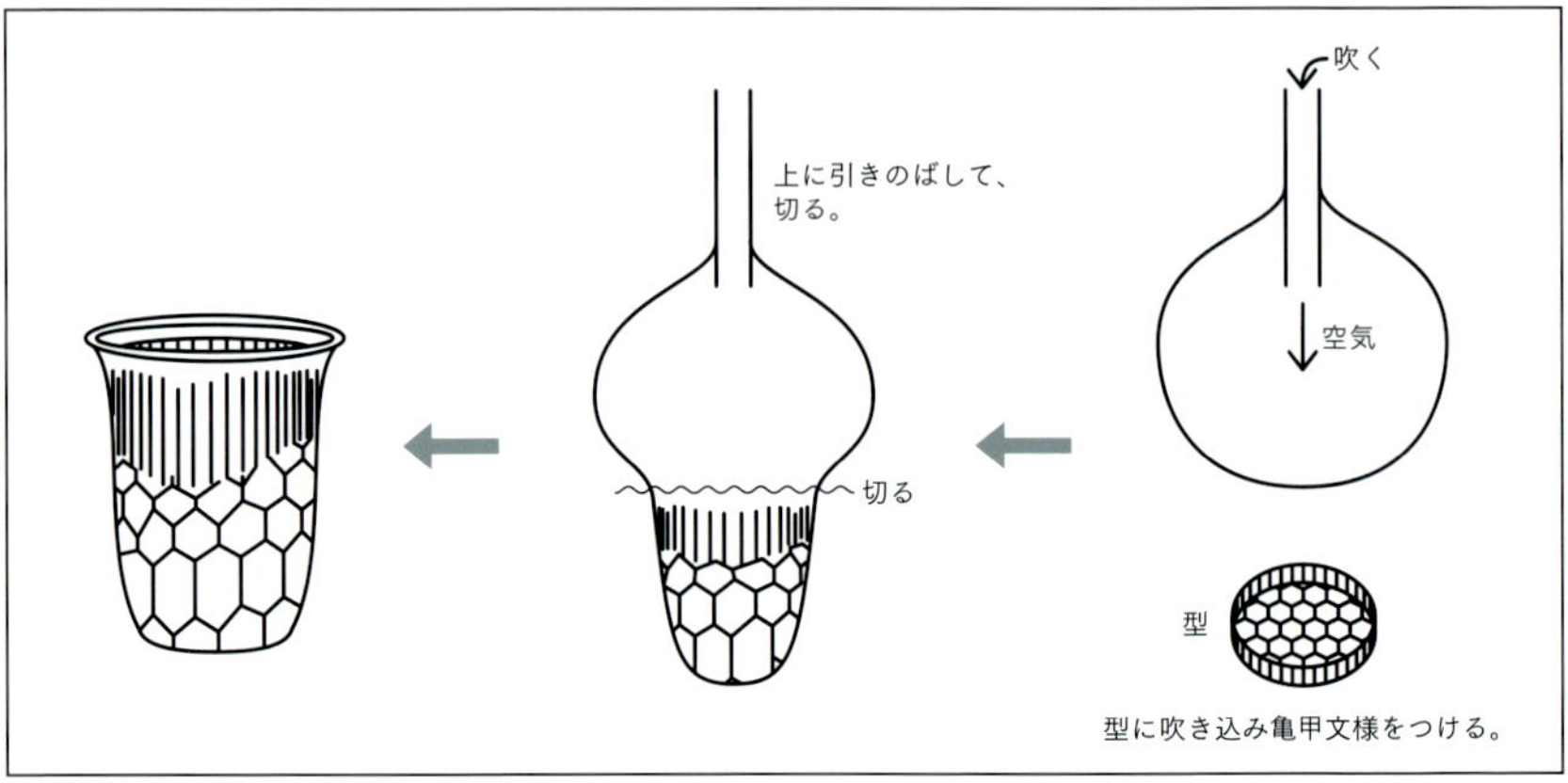

亀甲文ガラス坏の作り方（由水常雄『ローマ文化王国ー新羅』図135より作図）

型吹亀甲文紺色杯

慶州 天馬塚出土　新羅 6 世紀　高 7.4cm　国立慶州博物館　宝物 620 号　慶州 2386

天馬塚出土型吹亀甲文紺色杯は口縁下に条線文と胴下部に亀甲状のくぼみを持つが、カットではなく型吹き技法が用いられている。由水常雄によれば側縁に状線文、底部に亀甲文を施した浅い型に熱したガラスを押しつけたのち、胴部を引き延ばすという特徴的な型吹き技法が用いられている。類例は 4 世紀頃の東地中海から黒海周辺、南ロシア、ドナウ川、ライン川流域に分布しているが、東アジアでは唯一の出土例である。

蛍光X線によるガラス分析

四〜六世紀の西アジアのガラスは、ローマの版図内で製作されたローマ・ガラスとササン朝ペルシア領域内で製作されたササン・ガラスがある。ローマ・ガラスについては、大量に出土したカラニス（エジプト）や製作工房址の検出されたジャラーム（イスラエル）の発掘により研究は大きく進展した。一方、ササン・ガラスについてはわからないことが多い。発掘事例が少ない上、ササン・ガラスの製作技法は基本的にローマ・ガラスの技法にならったものであり、器形や技法だけでは区別しにくいことがその一因となっている。

吹きガラス技法が考案されたシリア・パレスティナ地域のガラス製造は、海砂あるいは河川の砂をシリカ源、エジプト北部を主産地とする天然ナトロンをアルカリ源とするソーダ・ガラスであった。これに対し、ササン・ガラスを含むメソポタミア地域のガラスはアルカリ源として植物灰を用いていた。これまでの研究から、マグネシウム（Mg）とカリウム（K）の含有量からアルカリ源の識別が可能であることがわかった。それぞれ一・五重量パーセント未満であるものをナトロン・ガラス、それ以上のものを植物灰ガラスと分類できる。

岡山市立オリエント美術館では東京理科大学中井泉研究室と共同で過般式蛍光X線分析装置によるガラスの成分分析を行っている。これまでの美術・考古学的な見解を追認するデータを示す作例が多い中、食い違う結果を示すものも見られた。

四〜六世紀の西アジア製ガラスは器形、製作技法が類似し製作地域を推定することは困難な場合があり、化学分析データは製作地を考える上で大きな手がかりとなる。ただし、素材ガラスや工人の移動などを考慮に入れる必要があり、考古学、分析化学双方の研究成果の蓄積が期待される。

切子装飾高杯
東地中海周辺地域
4世紀　高 11.0cm
岡山市立オリエント美術館
423-2111

本作は4世紀のイラン製とする説と1-2世紀のシリア製とする説があり、意見が分かれていた。近年行った蛍光X線による分析結果によれば、低カリウム濃度のナトロン・ガラスであり、アンチモンを含有するなどローマ・ガラスの特徴を示している。

ガラス珠

ガラス容器同様、護符、装身具としてのガラスもまた、メソポタミア、エジプト、東地中海域で発展した。最初はトルコ石、ラピスラズリ、縞瑪瑙などの代替品であったかもしれない。しかし、やがて複雑に色を組み合わせる技術が進展し、鮮やかな装飾ガラス珠そのものが貴重な交易品となっていった。

前十五〜十四世紀の北メソポタミアの遺跡からは白と褐色ガラスで巧みに縞瑪瑙を模した珠が出土しており、すでにガラス珠製作技術がかなり進んでいたことを示す。前十四世紀頃のエジプトから出土する白ガラスの上に黒ガラスを重ねた目玉文様の装身具は、いわゆる「目玉ビーズ」の先駆的な存在である。その後、前六世紀頃より、東地中海域を中心に様々な技法の多色ガラス珠が盛んに作られた。ローマ時代には広大な領域内に製作地が広がり、カラフルな珠は交易品として東西に運ばれていった。なかでも同心円文様をガラス珠全面に配した目玉ビーズは、ヨーロッパ、黒海沿岸、イラン、そして中国からも出土している。やがてそれらに触発されて各地で独自のガラス珠が作られるようになっていった。

多色装飾ガラス珠

東地中海域〜イラン　前3-後7世紀　径1.43-3.53cm　東京個人蔵

多色装飾ガラス珠の文様は、同心円文、斑点文、縞模様などさまざまで、製作技法も多種多様である。自由度の高い芯巻技法は、耐熱粘土などを巻いた金属棒にまず素地となるガラス珠を成形し、熱を巧みにあやつりながら、別の色ガラスを貼付けたり、巻き付けていく方法である。より繊細な文様を作るためには、あらかじめ小さな文様を作り、それを埋めこむ技法が用いられた(次頁)。

人面文ガラス珠

エジプト　ローマ時代 前 1- 後 1 世紀
径 1.5cm　MIHO MUSEUM　SS1615-105 イ

あらかじめ作った人面や格子文様を黄色の珠に埋めこんでいる。人面は同じモザイクガラスの切片と思われるが、珠をならすために熱を加える工程のなかで、微妙に異なる表情になっている。

人面装飾ガラス板

エジプト　ローマ時代 前 1- 後 1 世紀
幅 1.4cm　MIHO MUSEUM　SS1615-94

「金太郎飴」のように、まず大きい単位で文様を作り、それを細く引き延ばしていくことで、緻密な文様を作りだしていく。くるりとカールした髪型はエジプトの豊穣の女神ハトホルにも見られる。このようなガラス板は木製品などに象嵌されて家具や装飾品となった。

人面装飾ガラス板

エジプト　ローマ時代 前 1- 後 1 世紀
長 3.8cm　MIHO MUSEUM　SS1615-100

ギリシアの酒神ディオニソスまたはその信女マイナスのカールした髪や木蔦の冠などが細かくあらわされている。片面のみを作り 2 枚あわせることで左右対称の顔となる。

中国のガラス珠

中国戦国時代(前五~前三世紀)の遺跡から同心円文様をちりばめたガラス珠が多く出土し、「戦国珠」と呼ばれている。珠の成分は中国特有の鉛バリウム系である。一方、春秋時代晩期から戦国時代にかけての河南省や湖北省の墓から西方のソーダガラス系の同心円文ガラス珠も出土し、なかには同じ遺跡から両系統のガラス珠が出土することもある。このような事例からも、中国の戦国珠は西方のガラス珠に影響されて中国国内で作られたものと推測されている。

菱格子円文ガラス珠
中国　前 4- 後 3 世紀　径 2.0-2.1cm
MIHO MUSEUM　SS1615-185b,d

同心円文のまわりに小さな点で菱形の格子をあらわしている。

七星文ガラス珠
中国　前 4- 後 3 世紀　径 2.2cm
MIHO MUSEUM　SS1615-186

戦国珠の特徴的な文様は、中央の 1 個の円の周囲に 6 つの円を配す七星文、七曜文と呼ばれる意匠である。西方由来のトンボ珠の同心円文様が中国において独自に完成していったものとされる。本作品では、珠の全体に配された七星文の間にさらに小さな同心円文があらわされている。

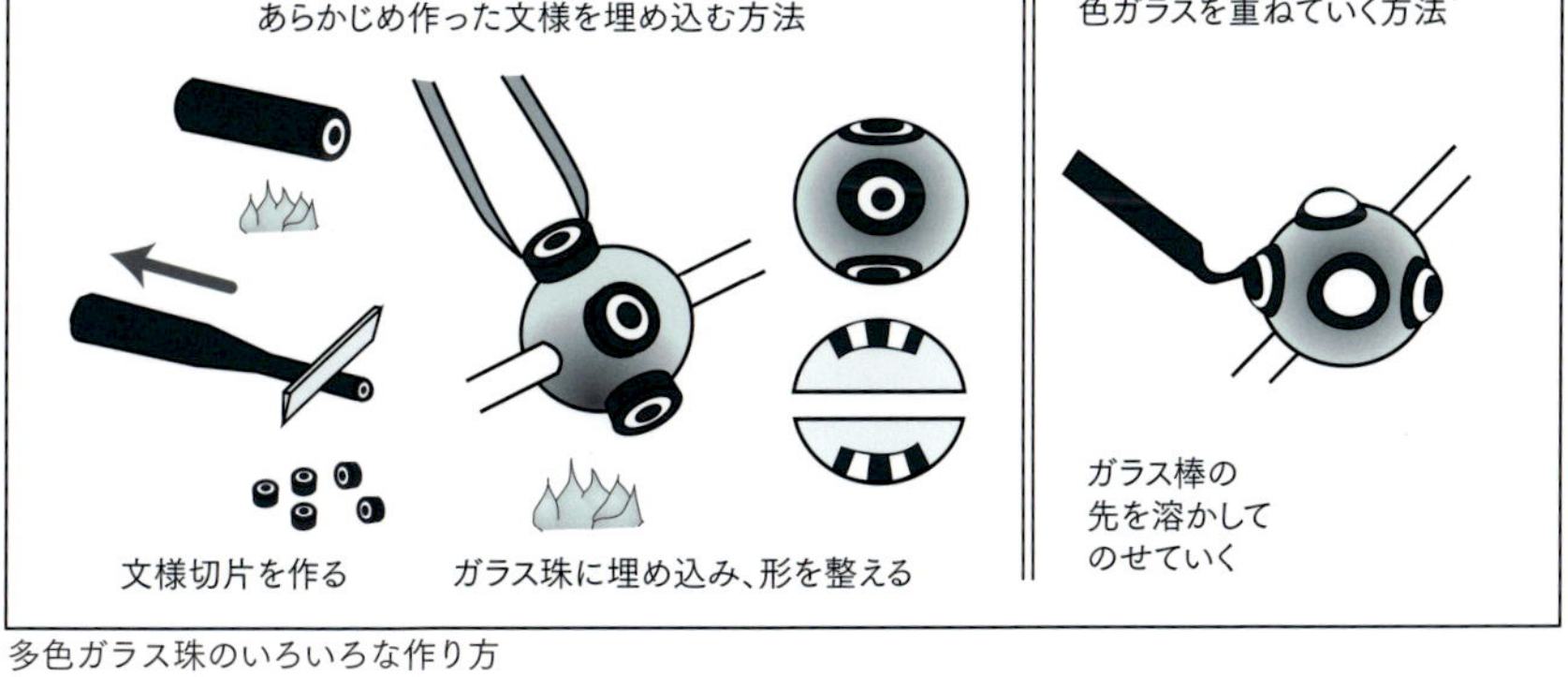

あらかじめ作った文様を埋め込む方法
文様切片を作る
ガラス珠に埋め込み、形を整える
色ガラスを重ねていく方法
ガラス棒の
先を溶かして
のせていく

多色ガラス珠のいろいろな作り方

韓国のガラス珠

韓半島では、古くは前六〜五世紀の扶餘から、おそらく搬入品と思われるガラス珠が出土している。前三〜二世紀の遺跡から出土する青色ガラス製管玉は中国系の鉛バリウムガラスで、製品もしくは素材を輸入して韓国で作ったものとされる。前一世紀以降の遺跡からは、ガラス珠用の鋳型も出土し、韓国内でもさまざまなガラス珠生産がはじまったことがわかる。

慶州の新羅古墳からは装身具のパーツとして数多くのガラス珠が出土している。青や紺の単純な丸珠や管珠のほか、鋳造製の勾玉や、斑点文や縞模様の珠など、種類もさまざまである。多くは韓国製と思われるが、味鄒王陵地区からの出土例(左頁)のように、おそらく海外から持ち込まれ珍重されたであろうガラス珠も混在している。

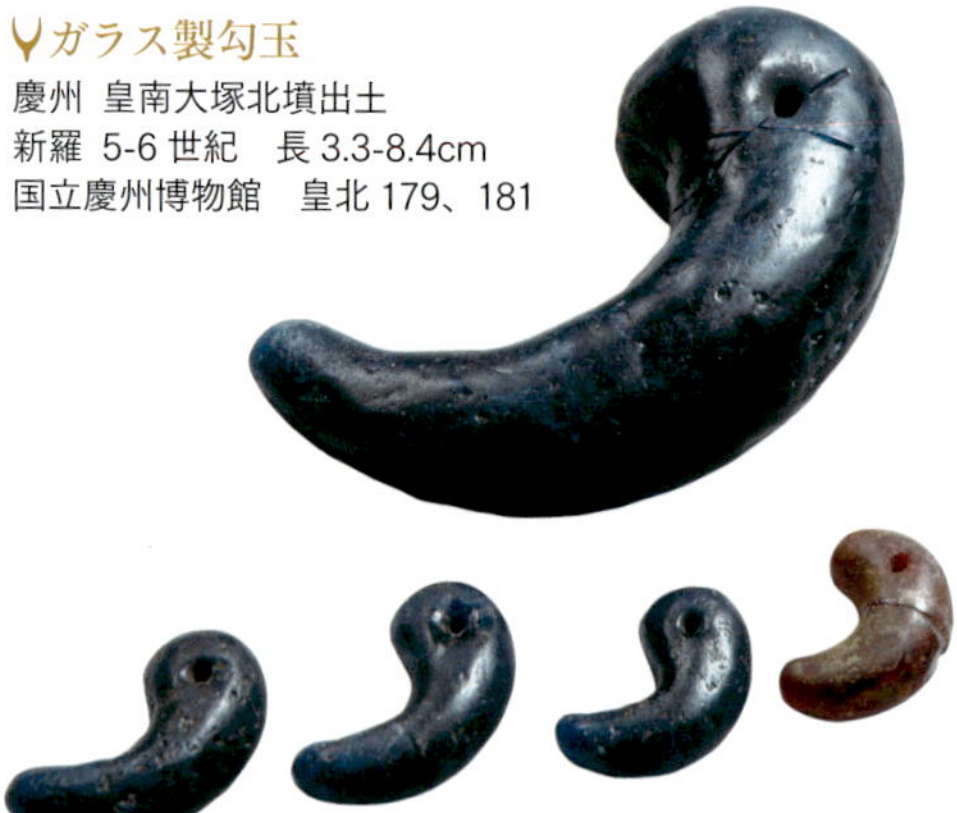

ガラス製勾玉
慶州 皇南大塚北墳出土
新羅 5-6 世紀 長 3.3-8.4cm
国立慶州博物館 皇北 179、181

斑点文ガラス珠・金製装飾
慶州 皇吾里 4 号墳出土
新羅 5-6 世紀 ガラス珠径 3.2cm
国立慶州博物館 慶州 1599、1600

ガラス珠は金製飾り金具とともに死者の足の部分から出土した。紺色ガラス珠に黄色と緑色の斑点が交互に配されている。同心円文となっているのは、はじめから孔のあいたガラスを埋め込んだことによる。

斑点文ガラス珠
慶州 天馬塚出土 新羅 5-6 世紀 径 1.2cm
国立慶州博物館 慶州 2384

天馬塚の被葬者の胸の位置から数千個のガラス珠が金製珠とともに出土している(18 頁)。紺色地に黄や緑の斑点文が入ったガラス珠は新羅特有で、韓国製とされる。類似の斑点文ガラス珠は、弥生から奈良時代の日本の遺跡からも出土する。韓半島から日本に流入し、やがて日本で真似て作られるようになったと推測されている。

ガラス珠付首飾

慶州 味鄒王陵 C 地区 4 号墳出土
新羅 5-6 世紀　長 41.6cm
国立慶州博物館
宝物 634 号　寄託 108

ガラス珠は被葬者の胸の位置で発見された。青いガラス珠、青い石製管珠、無色透明水晶珠、橙色の瑪瑙珠、瑪瑙製勾玉が輪状に発見されたため、もとは 1 つの連結した首飾であったろうと推測された。周囲の珠はガラス珠に使われている色彩と同調しており、貴重なガラス珠に合わせて集められたかのようである。

ガラス珠拡大

発見以来、新羅のこのガラス珠は人々に驚きと感動を与えている。径 1.8cm の小さな紺色のガラス珠に、5 つの人面、6 羽の白い鳥、枝分かれになった花の枝などが黄、赤、紺、白色のガラスを使って緻密にあらわされている。製作方法としては、あらかじめ精巧に作った文様を紺色ガラス珠に埋め込んだという説と、その文様をまず 1 枚のガラス板として、それを加熱して丸くしたという説がある。製作地については前 4 ー後 2 世紀頃の地中海沿岸を中心とする地域とされている。しかし、最近はインドネシアで類似例がみつかり、流入経路または製作地の候補として浮上している。

金銀器

人類の金属の使用は今のところ、新石器時代(前八五〇〇〜六五〇〇年頃)にさかのぼりイラン高原のアリ・コシュ遺跡、パレスティナのイェリコ遺跡で自然銅を叩いたり延ばしたものが出土している。そして、自然金の使用もほどなく開始された。金属容器としては紀元前四千年紀末頃に出現した銅と錫の合金である青銅が早かったが、メソポタミアやエジプトでは金、銀製容器が前三千年紀の王侯貴族の墓から出土しており、冶金術の急速な発達をみることができる。

中国では前二〇〇〇年頃の二里頭文化期に青銅器があらわれるが、続く殷(商)以降、漢代に至る二〇〇〇年間の青銅器制作の隆盛は世界に類をみない華麗で豪奢な作例が大量に生産された。このような中国の青銅器文化は東アジア周辺諸国へも徐々に波及したが、韓半島には前六世紀頃から青銅製品がみられるようになり、日本も弥生時代中期頃から普及していった。

西アジアでは前述したように、前三千年紀から、金・銀器の制作が盛んとなり、鑞型、打ち出し、貼り付け、削り出しなどの技法を駆使した容器が作り出されたが、中国では青銅器に金・銀象嵌を施したり、金箔を貼り付けた例はあるが、金・銀器は

金銀器

慶州 皇南大塚出土　新羅 5-6 世紀　国立慶州博物館

銀製亀甲文杯

慶州 皇南大塚北墳出土
新羅 5-6 世紀　高 3.8cm
国立慶州博物館　宝物 627 号　皇北 326

亀甲文の間に、体をひねった人物、四つ足動物、鳥などが打ち出されている。このような文様はほかに例がなく、韓半島独自のものであろう。

戦国時代以降に数点散見するのみである。金・銀器の出土例が増え始める隋、唐代は、西アジアの、特にササン朝の技術が導入され、中国独自の技術と融合したと考えられる。

新羅の金・銀器は土器によく似た形であり、銀器の文様も新羅の独自性がみられるので、明らかに新羅製であろうと思われる。金・銀の素材を前に、古の新羅人たちが、これで器を作ろう！と思い至った経緯はいかなるものであったのだろうか。

銀製ロータス文杯

イラン　前 6-4 世紀　径 15cm
古代オリエント博物館　AOM521

厚い銀板からロータス文を打ち出した皿で、底面にはオンファロス（臍）と呼ばれる突起がある。このような器形はアッシリアの浮彫にもみられるものであるが、アケメネス朝時代には大いに流行し、ブルガリアなどでも似た形の銀器が出土している。

銀製パルメット文皿

イランまたは中央アジア
7-8 世紀　径 25.4cm
大阪個人蔵

パルメット文様を裏側から浅い線で打ち出している。ウズベキスタンのホラズム地方から本作品とよく似た銀器が出土している。

銀製十二曲長杯

イランまたは中央アジア　5-6 世紀　長 33.5cm　岡山市立オリエント美術館　014-1950

縁がこのように花弁状に 8 つ、ないし 12 に分かれている長杯は 2 枚貝を開いた形から想を得て作られたともいわれ、ササン朝に独特な容器の形である。厚い銀の板を叩きだして製作され、酒器として用いられた。

銀製植物文水差
イラン
ササン朝ペルシア 6-7 世紀
高 35.9cm
MIHO MUSEUM　SF04.018

銀の地と鍍金の対比をきわだたせ、曲線文とデフォルメした植物文を配した胴部はササン朝の水差しにみられる張りのあるプロポーションである。頸部や底部の装飾的連結帯、動物装飾の把手もこの時期の特色をあらわすが、イスラーム時代以降この形態は少しづつ変化しながら、金属器ばかりでなく、陶器や漆器にうつされていった。

水差し 様々な素材

現代の日常生活で水差しを使う暮らしというと、何か優雅なおもむきさえ感じられるが、各家庭に清涼な水が供給されるようになったのは、ごく最近のことである。それまで、水は大きなかめに蓄えられ、食卓にあるいは居室にと水差しに入れて持ち運ばれた。また、水ばかりではなく、酒などもこのような容器に入れて供された。そこで、持ち上げて使用するにさほど大きくなく、かつある程度の量が入る容器は古代から近代に至るまで、様々な素材で製作された。

素焼きの土器は中の液体が滲み出てきてしまうが、却って、その事により、乾燥地帯では中身を冷たくするという効果をもたらした。釉薬の出現は液体を漏らさず、華やかな色彩で彩りを添えたことだろう。金属器は堅牢であるし、貴金属を用いれば、持ち主の富や力を自ら知らしめる装置ともなった。新しい素材のガラスは何といっても、中身のゆらめく様が見られることで、はかなげな素材であるにもかかわらず、支持を集めただろう。

液体を注ぐという機能の共通点からか、素材はそれぞれであっても、形は古今東西似ており、地域や時代を超えて使われた日々の暮らしが垣間見られるものである。

唐三彩鳳首瓶

中国 唐　高 33.5cm

東京大学考古学列品室

胴部の文様は一方は鳳凰とパルメット文、もう一方は振り向きざまに矢を射るパルティアンショットの騎馬人物をあらわす。このような形態は鳳首瓶と呼ばれ、唐代に流行した西方趣味（胡風）が浸透した事実を物語っている。

角杯

ユーラシアでは古くから牛や山羊などの角を器とし、七〇〇〇年前頃黒海周辺に土器で作られた角杯も出現した。後に西アジア・地中海域ではペルシアの時代に角形容器と動物形容器を組合わせた注ぐ器リュトンが誕生し、東アジアでは中国の殷から周そして漢へと至る王朝の滅亡と草創の時代、韓半島の三国時代といった変動期に、草原遊牧文化の影響を受け角杯が出現した。新羅・加耶の角杯は古墳時代の日本にももたらされた。これらの器は儀式や特別な宴に使われたものと思われる。

獅子頭装飾角杯
イランあるいは小アジア
前8-6世紀
長31.0cm
MIHO MUSEUM　SF04.027

これは銀製角杯を金の獅子頭で装飾したものである。アケメネス朝ペルシアに先立ち、スキタイ系メディア王国が西アジア、小アジアに台頭した時代には、ここに見られるような正立した角杯と獣形を組合わせた器が作られた。この様式から、後のペルシアの時代にギリシア人がリュトンと呼んだ注ぐ器が誕生したものと想像される。

馬装飾リュトン

イラン　アケメネス朝ペルシア　前5世紀　高27.0cm　MIHO MUSEUM　SF02.061

これは中央部が破損したため、現在2つの部分から成っている。上部に開く角形容器に酒を満たし、馬の折り曲げた前脚の上に開いた注口から杯に酒を注ぐための器リュトンである。この馬の鼻柱の曲線、鬣(たてがみ)、前髪を括った髷(まげ)、馬具などの様式は、ペルシアの都ペルセポリスの宮殿浮彫に見られるものに非常に近く、当時の宮廷様式を示している。

西アジア・地中海域に見る形象容器／角形容器の系譜

ギリシア人がリュトン(流出の器)と呼んだものは、器口のほか末端に注口のついた注ぐ器で、古くはケラス(＝角)とも呼ばれた。曲がった角形容器に獣形の注口がついたペルシア型リュトンの前身は、スキタイ系メディアの時代に作られた注口のない獣形装飾角形杯であろう。それは、古来神聖な儀器として使われた角形容器と形象容器の系譜が合流したものと思われる。

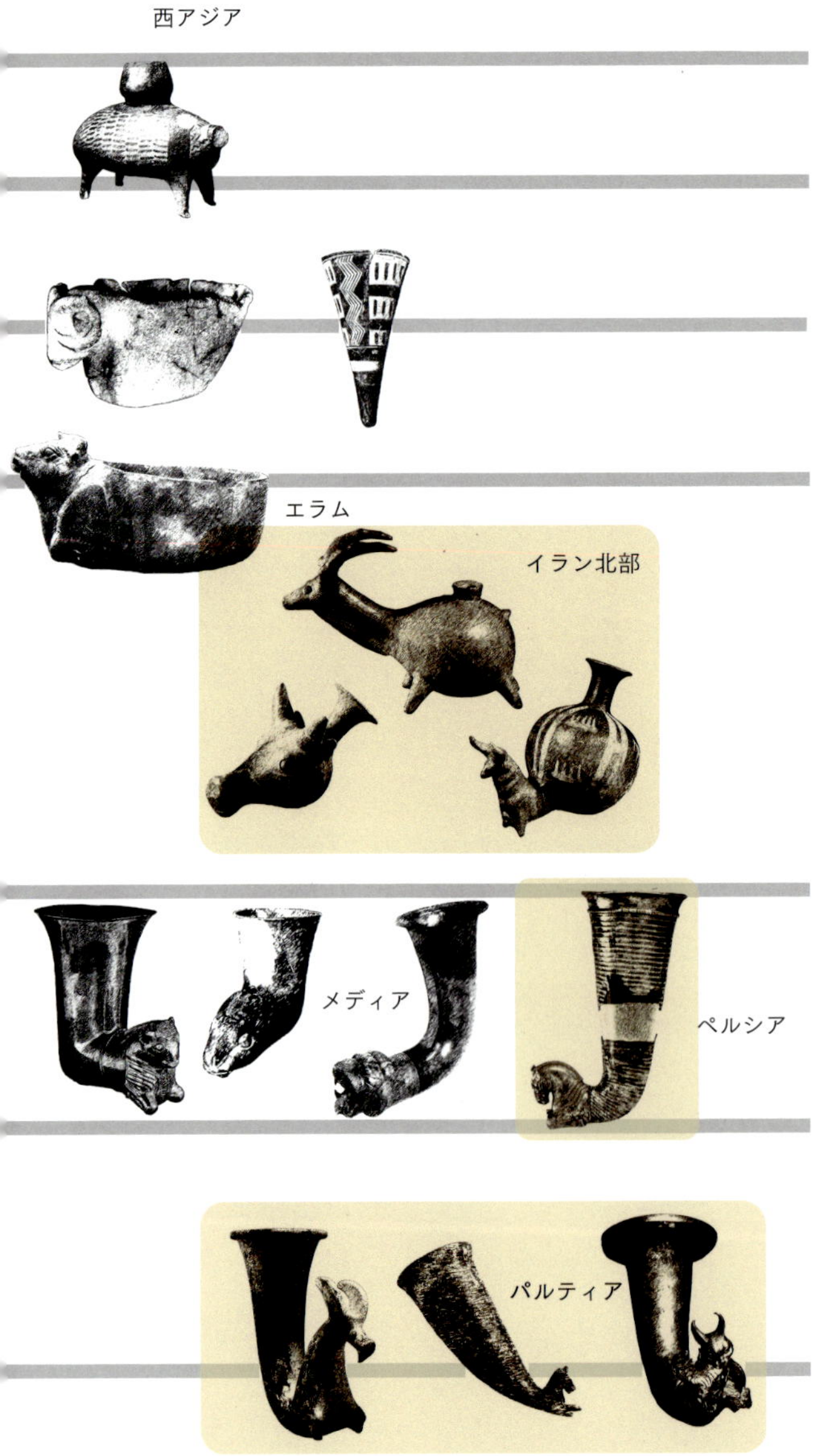

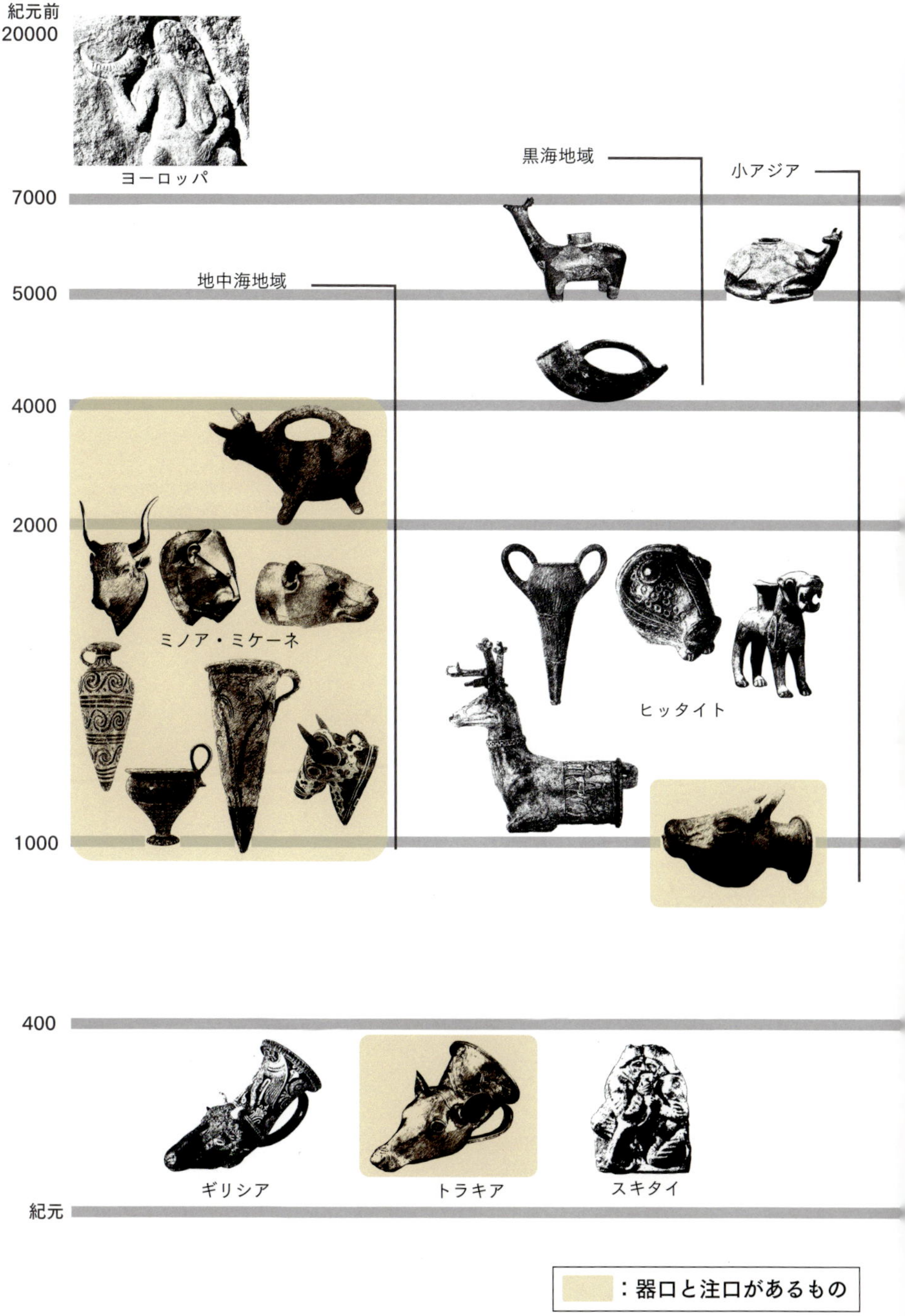
紀元前
20000
ヨーロッパ
黒海地域
小アジア
7000
地中海地域
5000
4000
2000
ミノア・ミケーネ
ヒッタイト
1000
400
ギリシア
トラキア
スキタイ
紀元
：器口と注口があるもの

鶏をくわえる山猫装飾リュトン

イランまたは中央アジア
パルティア　前2世紀後半 - 前1世紀
高 27.0cm　MIHO MUSEUM　SS1058

この作品は、鶏をくわえた山猫形の注口と上に伸びて大きく器口を開く角形容器の、2つの部分から構成されている。大山猫はギリシアの酒神ディオニュソスの聖なる動物であり、体をねじって襲いかかる山猫や鶏の表情など真に迫る表現は、ギリシア系工人の手を思わせる。しかし猛獣が獲物を襲う主題は西アジアや中央アジア特有の復活再生を意味する闘争文に由来するものと思われる。

山羊装飾リュトン

イラン アゼルバイジャン
前3-1世紀 高26.0cm
東京個人蔵 IT23

角形容器に山羊の前半身の注口がついている。目は丸い釦形に突起し、円弧を描く角や膝の部分のみを表した前脚も様式化されている。山羊の獣形意匠は、生命の復活や豊かさの象徴として古くから器に表現されているが、こうした形象を通して注がれた液体には、特別の力がみなぎっていると考えられたものであろう。器の表面が研磨されているのは、金属器に似た風合いを出すためであったと思われる。

馬装飾リュトン

イラン北西部 パルティア 高24.5cm 岡山市立オリエント美術館 192-2524

馬形の前躯装飾をもつリュトン形の黒色摩研土器。本作の前躯装飾は、ユニコーンのように見えるが、馬の前髪を束ねた状態を描写しているのであろう。比較的真っ直ぐな角杯胴部に前駆装飾がなだらかにつながることから、パルティア期のリュトンと考えられる。前方に突き出す前足は後補であるが、状態も良く貴重な資料である。

東アジアの角杯

スキタイ系遊牧民は、前五世紀頃動物形注口をつけたペルシア型のリュトンも受容したが、儀式用には変わらず角杯が使われたようである。角という潰滅しやすい材質のため、今に伝わるものは多くない。東アジアで発見された青銅、玉、陶漆製の角杯は、スキタイ系角杯の伝統を汲む草原地帯の遊牧民との接触を示しており、当時の激動する国際情勢や文化交流を物語るものであろう。

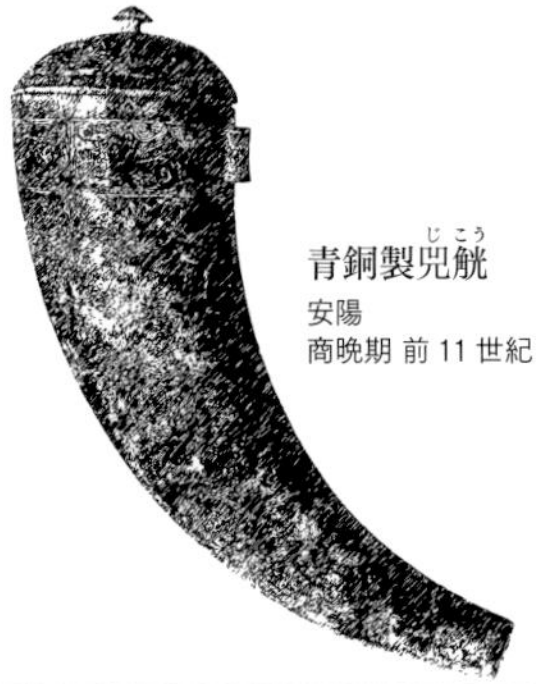

青銅製兕觥（じこう）
安陽
商晩期 前 11 世紀

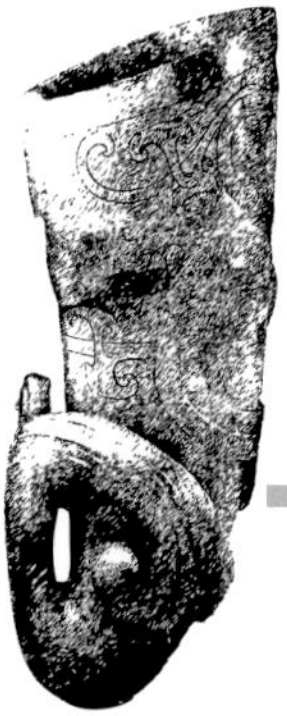

角杯形玉器
南越王墓 前漢 前 2 世紀

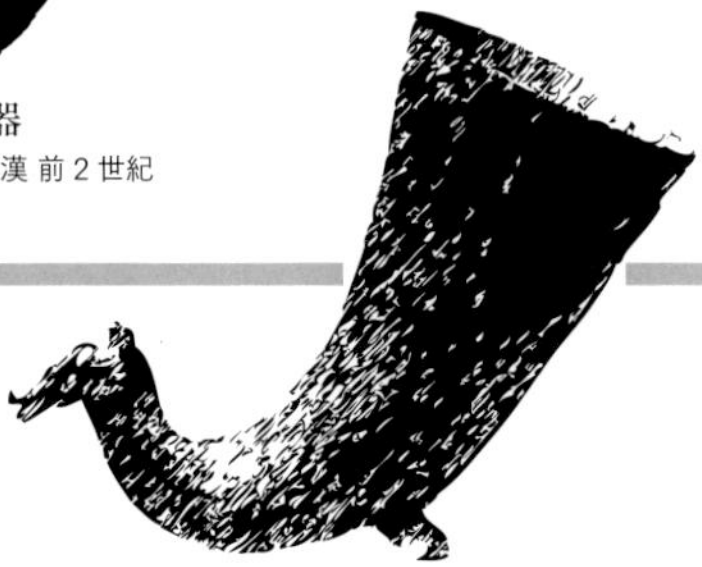

獣頭付角杯形土器
釜山 福泉洞
加耶 5 世紀

角杯形土器・器台
慶州 味鄒王陵
新羅 5-6 世紀

金銀平文琴の装飾 (宴飲図)
正倉院 唐 8 世紀

前
1000

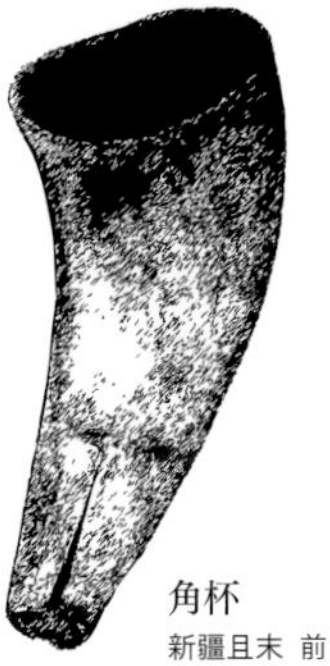

角杯
新疆且末 前8-前1世紀

青銅製兕觥
華南 周末期 前4-前3世紀

200

シルクロード交易を通じ中国に定住したイラン系ソグド人は、彼らの葬具にリュトンや角杯の姿を残したが、遊牧民との盟約には角杯を、死後の楽園での宴会にはリュトンを使っている。

後
500

唐に伝わった西域のリュトンも注口に栓をして角杯として使われたようであり、唐代以降に作られたものも角杯であった。

石床囲屏宴飲図
伝 安陽 6世紀後半

安伽墓石床囲屏盟約図
西安 6世紀後半

700

瑪瑙製ガゼル形リュトン
西安(伝ガンダーラ原産)
6-8世紀

角杯形三彩陶器
西安 唐 7世紀後半

韓半島の角杯

三国時代の韓半島に伝わった角杯は、高句麗の古墳壁画に見られる他、新羅と加耶で角杯形の漆器、土器、青銅器として発達した。発掘例は慶州を中心に分布しており、加耶地域でも「山」字形立飾の冠あるいは三葉環頭太刀などとともに出土しており、新羅の影響を受けた地域に由来している。

韓半島の主な角杯形容器とその表現

高句麗	徳興里古墳 壁画 墓主像	平安南道南浦市 江西区域	408 年	壁画
加耶	縣洞 50 号 土壙墓	慶尚南道馬山市	4 世紀	角杯形 土器
	校洞 7 号墳	慶尚南道昌寧郡	5 世紀	角杯形 銅器
	福泉洞 7 号墳	釜山広域市 東莱区	5 世紀	獣頭付 角杯形 土器
新羅	味鄒王陵 C 地区 7 号墳	慶尚北道慶州市	5-6 世紀	角杯形 土器・ 器台
	月城路カ 11-1 号墳	慶尚北道慶州市	5-6 世紀	角杯形 土器
	瑞鳳塚	慶尚北道慶州市	5-6 世紀	角杯形 漆器
	金冠塚	慶尚北道慶州市	5-6 世紀	角杯形 銅器
	天馬塚	慶尚北道慶州市	6 世紀	角杯形 漆器
	冷水里古墳	慶尚北道浦項市	5-6 世紀	角杯形 土器

瑞鳳塚

路西洞古墳群中の大型古墳で、二基が連接した瓢形墳である。日本の植民地時代にあたる一九二六年に発掘調査された。瑞鳳塚という名称は、調査中に当時のスウェーデン(瑞典)の皇太子グスタフ六世アドルフが視察したのを記念し、出土した金冠の鳳凰飾りと合わせて付けられたものである。墳丘をすべて除去する調査が行なわれたため、現在は瓢形の輪郭によって古墳の位置がわかるのみとなっている。各種金属製装身具やガラス器などの他に、高句麗の年号と考えられる「延寿元年」(四五一年)などが刻まれた銀製盒が出土した。

∨角杯・角杯台

慶州 味鄒王陵 C 地区 7 号墳出土　新羅 5-6 世紀　高 17.0cm　国立慶州博物館　寄託 115

味鄒王陵 C 地区 7 号墳出土の角杯の形状は簡素で実物の角のような現実味があり、ユーラシアステップの遊牧民が盟約など重要な儀式に使った実物の角の杯を彷彿させる。角杯の台には当時盛行した器脚の様式をそのまま応用し新羅様式を作り出している。

角杯

浦項 冷水里古墳出土　新羅 5-6 世紀　長 27.8cm　国立慶州博物館　慶州 8248

角杯の口縁周辺には三角模様と円形模様が刻まれている他、全体の形状に強い様式化が感じられる。

日本列島の角杯

韓半島で数多く発見されている角杯は、日本列島ではその出土が極めて少ない。しかし近年わずかながらもその出土事例が増加し、所属時期や分布について興味深い事実が知られるようになってきた。

韓半島から直接もたらされたと考えられる角杯の出土事例は極めて少ないが、確実なものとして奈良県橿原市の南山四号墳から、国立慶州博物館が所蔵する韓国伝慶尚南道金海出土とされる騎馬人物形角杯に近似する資料が出土している。

五世紀初頭に始まる我が国の須恵器生産は、韓半島の陶質土器製作技術を導入したもので、その生産初期には、韓半島の影響を色濃く残す製品が数多く生産された。この時期は韓半島の製品と形態上一見区別し難い須恵器が生産されている。しかし、その生産が軌道に乗るにつれ、器形、器種の独自化が進み、定形化・日本化への方向へと歩み始める。韓半島の形態、器種組成と方向を違え独自に発展していく状況が見られる。

しかし、六世紀前半に忽然と角杯という韓半島由来の器種が出現する。それまで、舶載品以外に確認されていなかった角杯という器形が突如としてあらわれるのである。現在までに確認できる資料は、岡山、兵庫、京都、大阪、滋賀、岐阜、愛知、福井、石川、富山など各県の遺跡から、十数例の出土が報告されている。

特に兵庫と福井では須恵器窯という生産遺跡からの出土である点は興味深い。これらは福井県美浜町の興道寺窯跡と兵庫県明石市の赤根川・金ヶ崎窯跡の二つの須恵器窯跡である。地域的に離れているこの二つの窯には、幾つかの共通点が存在する。まず六世紀前半というほぼ同時期に操業が行われている点、次に角杯の生産はこの一時期で収束し、継続されない点である。つまり極めて限られた時期に一過性の生産が行われているという大きな特徴を備えている。まさにこの時期における当該地域と半島との密接な交流がもたらした文物といえるのである。

また、角杯そのものではないが、角杯を背負う表現を持つ人物埴輪が和歌山市井辺八幡山（いんべはちまんやま）古墳から出土している。六世紀はじめの築造と考えられ、他地域出土の角杯と同時期である。和歌山県紀ノ川流域は五世紀代において、韓半島の文物が多数もたらされていることはよく知られており、その一連の流れの中で出現するものであろう。

騎馬人物形角杯（実測図）
伝 慶尚南道金海出土
国立慶州博物館『菊隠 李 養璿 蒐集文化財』

騎馬人物形角杯（断片）

奈良県橿原市 南山古墳群 4 号墳出土　古墳時代 5 世紀　橿原市教育委員会

南山古墳群 4 号墳は奈良県橿原市南山町に所在する古墳群で、1983 年に発掘調査が行われ、墳丘規模、埋葬施設、副葬品に関する情報が得られた。墳丘は径 18m 程度に復原でき、主体部と共に副葬品を納めた施設が検出されている。騎馬人物形角杯は墳丘表土下から破片の状態で出土した。その全体像は、国立慶州博物館が所蔵する伝金海徳山里出土とされる騎馬人物形角杯に極めて似ており、韓半島からの舶載品と考えて問題のない資料である。ちなみに国立慶州博物館所蔵品は馬甲をつけた馬に盾を持った人物が乗り、その後ろに角杯を取り付けたものである。

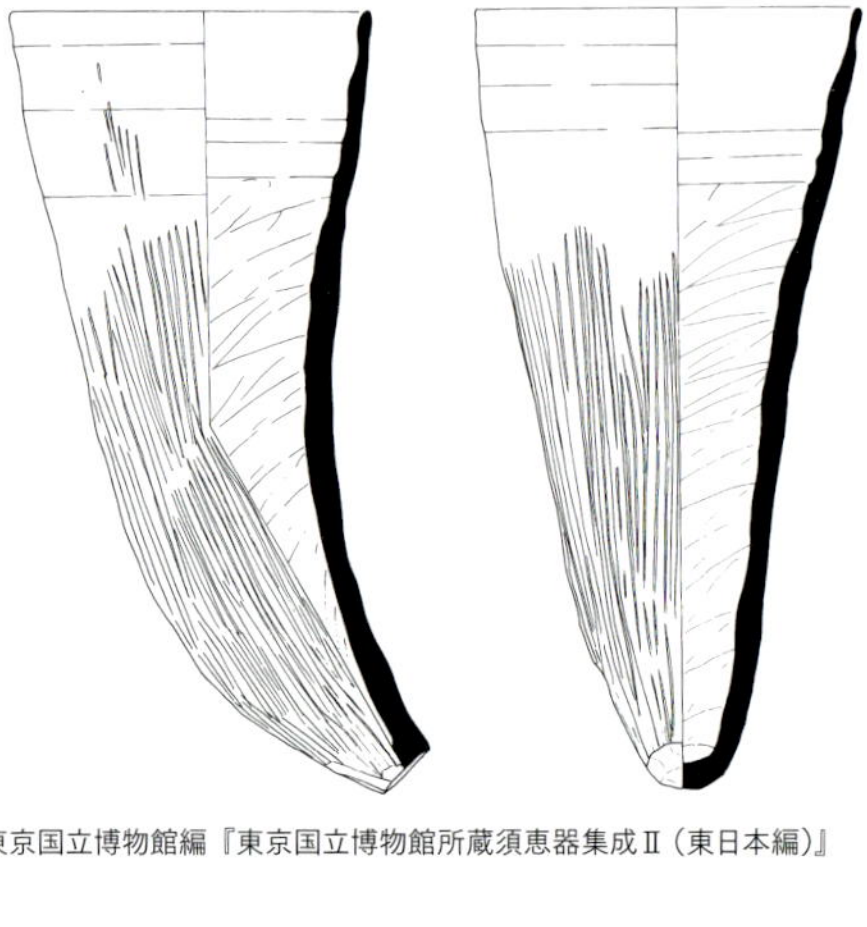

東京国立博物館編『東京国立博物館所蔵須恵器集成Ⅱ（東日本編）』

角杯

福井県美浜町 獅子塚古墳出土
古墳時代 6 世紀　東京国立博物館　J-145

福井県の獅子塚古墳からは角杯が大小 2 点出土している。大型のものは、口径 10.8cm、器高 22.8cm、胴部外面は縦方向の櫛目調整、口縁部附近は横ナデによって整えられている。小型のものは口径 8.3cm、器高 17.7cm を測り、調整は大型のものと同様である。

角杯
兵庫県明石市 赤根川・金ヶ崎窯跡出土
古墳時代 6世紀前半 高 22.5cm
明石市教育委員会

角杯は残存高 22.5cm、最大径約 9.5cm を計るもので、口縁部を欠失するものの全体像は推定できる。粘土紐を巻き上げて成形され、外面は篦(へら)ナデによって調整されている。多数出土している須恵器から本窯の操業時期は6世紀前半に比定できる。興道寺窯跡と共に生産遺跡からの角杯出土事例として重要である。

赤根川・金ヶ崎窯跡

兵庫県明石市魚住町に所在する古墳時代の須恵器窯跡である。1985年から翌年にかけて発掘調査が実施され、窯体の構造、規模、築造時期などが明らかにされている。窯体は砂混じりの粘土層を掘り込んだ半地下式の登り窯で、窯体残存長 8.1m、最大幅 2.2m を測るものであった。遺物は窯体内、灰原から多数出土している。各種土器とともに角杯が出土している点は重要である。

装身具

西アジアの装身具は男性権力者のまさに威信財として、王侯貴族が身に着けた姿が彫刻や浮彫りに遺され、実物が墓に納められてきた。金、銀、宝石を用いたそれらの製作は、材料を遠隔地から運び、高度な技術によって丁寧に作られたからこそ、それらを身に着ける者の、権力や富をあらわしていた。腕輪、耳飾り、首飾りなど、今では女性用のものと考えられているものが、立派な髭の帝王や神の図像に見られるのが普通である。

東アジア世界では西方からもたらされた耳飾り、バックル、首飾り、指輪、腕輪などがあり、新羅のそれらの技術は明らかに西方の影響によるものであるが、独特な形態を成している。どのような人々がこれらの制作にたずさわったのか定かではない。

精霊と従者浮彫り
イラク北東部　ニムルド北西宮殿
前 883-859 年　高 110.5cm
MIHO MUSEUM

金製首飾

イラン
前 1200-800 年頃
長 94.2cm
東京個人蔵　IT167

星形の打ち出しや、花文に金の細粒細工を加えた金製の円盤である。徐々に大きくなる円盤がそろった希少な例である。細粒細工は前 2600 年頃のメソポタミアのウルの王墓の出土品にもみられる卓越した古代の技術である。

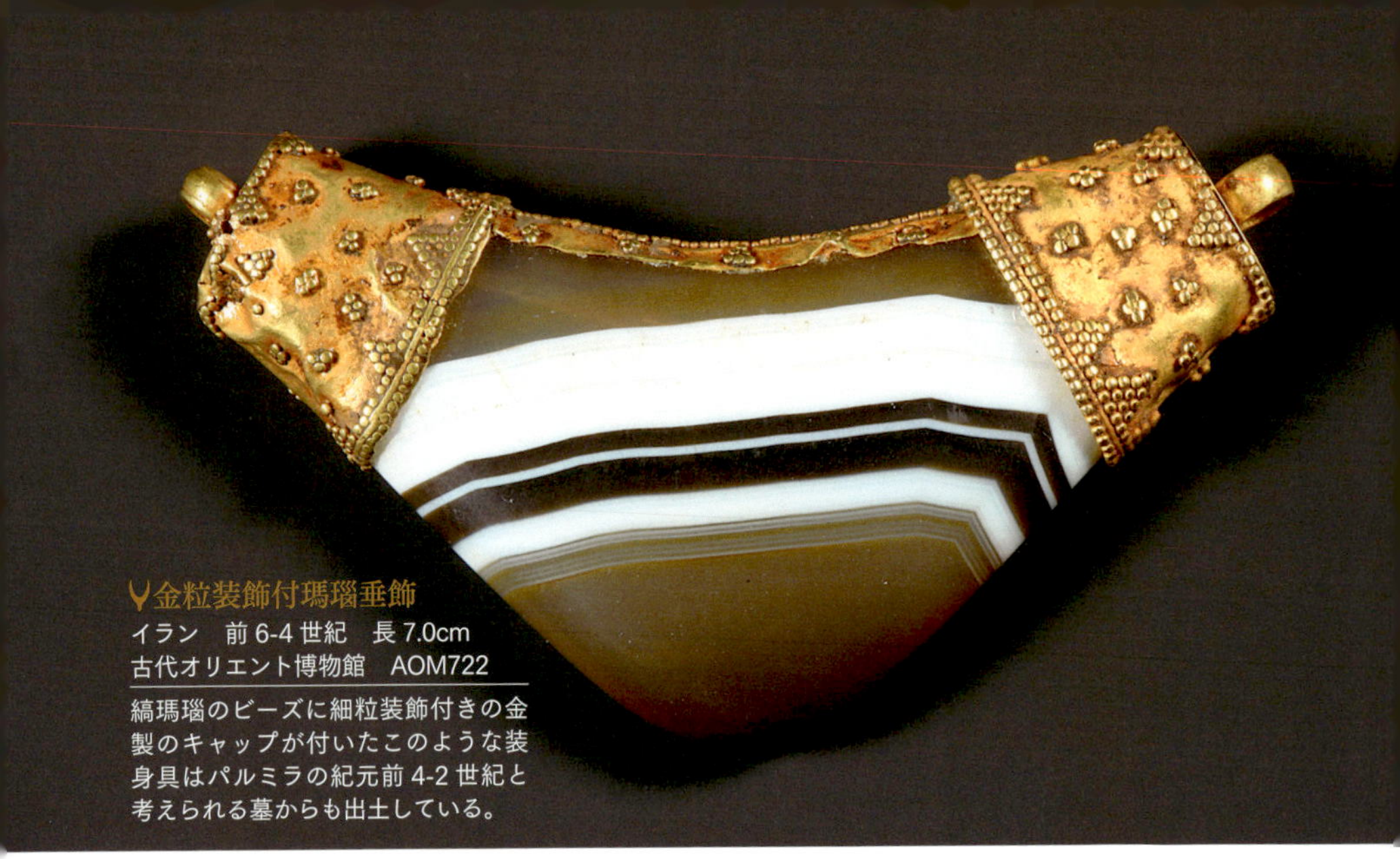

金粒装飾付瑪瑙垂飾
イラン　前 6-4 世紀　長 7.0cm
古代オリエント博物館　AOM722

縞瑪瑙のビーズに細粒装飾付きの金製のキャップが付いたこのような装身具はパルミラの紀元前 4-2 世紀と考えられる墓からも出土している。

金製細金装飾花形耳飾
イラン　1-7 世紀　長 2.5cm　幅 2.9cm
東京個人蔵　IT100

金製耳飾
イラン　前 1000 年頃　径 2.5cm
東京個人蔵　IT164

耳飾りは装飾的効果だけではなく、権威の象徴でもあった。日本の縄文時代には耳たぶに孔をあけてはめ込んだ耳栓形のものもある。耳たぶに小さな孔をあけて垂飾をつけるものは西アジアでは紀元前 2500 年頃からあり、華麗な細粒細工や細線細工が用いられ、その後も長く使われた。

金製耳飾
イラン
1-7 世紀　長 2.1cm
東京個人蔵　IT146

鴨装飾腕輪

イラン
アケメネス朝ペルシア
前 6-4 世紀
高 11.7cm　長 10.5cm
MIHO MUSEUM　SF03.067

振り返った動物を装飾に用いることはアケメネス朝の容器などにしばしばみられるが、鴨は稀である。鴨の羽はラピスラズリやトルコ石で象嵌されている。黄金の環は開閉可能になっている。

指輪
金、銀、青銅、瑪瑙、ガラスなど
イラン出土　1-7 世紀　径 1.8-2.4cm
東京個人蔵

指輪は新石器時代から知られているが、環に文様が刻まれたり、円盤装飾がついたりして、装飾効果が意識されるようになった。色石が埋め込まれた指輪には、石の部分がハンコ(印章)になっているものもあり、ギリシア・ローマ時代には男性が主に用いていた。中国では、戦国時代以降に用いられ、金銀製の幅の広い指ぬき状の指輪が漢代に流行した。韓半島や日本の九州北部では古墳時代に中国のものとよく似たものが出土しているが、古代から現代にいたるまで指輪が広く用いられた西方とは異なり、その傾向は長くは続かなかった。

金製指輪
慶州 皇南大塚南墳出土
新羅 5-6 世紀　径 2.4cm
国立慶州博物館

金製耳飾
慶州 天馬塚出土
新羅 5-6 世紀　長 6.0cm
国立慶州博物館　慶州 2282

金製耳飾
慶州 皇南里 151 号墓出土
新羅 5-6 世紀　長 7.5cm
国立慶州博物館　慶州 1672

新羅の耳飾

韓半島の三国時代には、有力者は男女の別なく華麗な耳飾を着けていたようである。特に新羅の古墳から出土する耳飾は細粒細工や象嵌が施されたものなど、装飾性の高さが抜きん出ている。耳に直接着く環部(主環)のみの素環耳飾もあるが、新羅の積石木槨墳から出土する耳飾は、各種装飾が施された垂飾が下がる金製のものが多い。主環には太環と細環の二種があり、垂飾は形態が多様であるが、主環・遊環・連結金具・中間飾・垂下飾の構成は基本的に共通する。球形を母体にした中間飾には様々な装飾が施され、最下段に下がる垂下飾は逆ハート形やペン先形などを呈するものが多い。新羅の金工技術が凝縮された遺物である。垂飾付耳飾は皇龍寺の鎮檀具としても納められたが、統一新羅以降は姿を消していく。

釧とは腕輪のことであり、韓半島の三国時代には金、銀、銅、ガラス、貝、石など様々な材質で製作された。2個一組で出土することが多い。

女性彫像

シリア　パルミラ西北墓域内陥没墓出土
2-3世紀　パルミラ博物館

宝石で飾られた頭飾、耳飾、4連の首飾り、腕輪、指輪、左肩の留飾など当時の裕福な上流階級の夫人の暮らしぶりがうかがえる。

ガラス製釧（くしろ）

慶州 瑞鳳塚出土　新羅 5-6 世紀　径 7.6/7.2cm
国立慶州博物館　菊隠 328

唐草文様

唐草文様は様々な蔓や茎、葉がからみあった植物文様であるが、唐草という名称からも分かるようにそれは、大陸伝来の文様である。文様とは形と色で平面的に構成され、パターン（飾りとしてまとまった単位形象＝モチーフ）の繰り返しによって構成される装飾図形で、まずはじめに幾何学文様、ついで動物文様、植物文様という順を追って発生している。動物文より植物文を先に考えつきそうなものだと思うのは、湿潤な温帯地帯に住む現代人の考えであろう。古代文明発祥の地は厳しい寒暖の差のある乾燥地域で、植物は決してふんだんにいつもあるものではなかった。

そして、蔓草が文様としてデザインされたのはメソポタミアの先進文明地帯ではなく、地中海世界であった。前四世紀のギリシア陶器の縁に葡萄と蔓が見られる。この文様はアレクサンドロス大王の西アジア侵攻以降に東伝し、シリアのパルミラ遺跡の建築装飾やガンダーラ仏教美術、ササン朝の金銀器などに多用されている。中国には仏教の伝播とともに登場した。それは仏教の儀礼用仏具に用いられていたことによる。そして、韓半島から日本へと伝えられた。発生した地域から周辺、さらに遠隔地に伝播するうちに変容してはいるが、からみあった蔓と葡萄や花々などを配した文様は人々に大いに愛好され、華やかに空間を埋め尽くした。

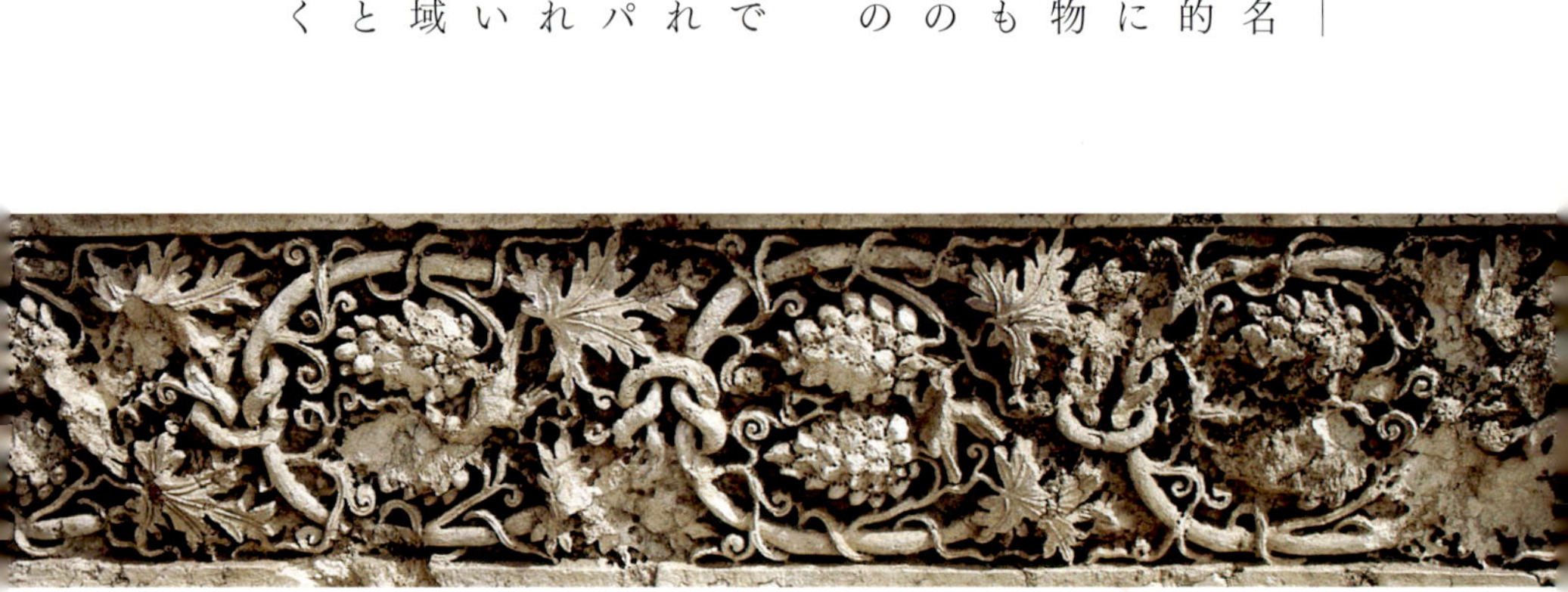

シリア　パルミラ遺跡３世紀のディオクレチアヌスの軍営の柱にみられる葡萄唐草文

葡萄文舟形杯

イラン　サササン朝ペルシア 6-7 世紀　高 5.7cm
MIHO MUSEUM　SF03.080

舟形杯は遊牧騎馬民族が使用していた木製の杯が起源といわれているが、特に 6-7 世紀のササン朝銀製容器では、高台のない側面が三日月状のものが知られる。図像は浮き彫りで銀板から削り出され、地の部分は鍍金されている。規則的な葡萄文の中央にホロホロ鳥、周囲にキジ、狐、ジャッカル、サルキー種の猟犬がみられ、宮廷の狩猟園(楽園)をあらわしている。

建築装飾浮彫

パキスタン　2-4 世紀　高 74cm
古代オリエント博物館　AOM219

供養者男女像(左列)、葡萄唐草文、その下端にトリトン、肩車の人物(右列)などがあらわされている。

葡萄唐草文平瓦当

慶州 雁鴨池出土　統一新羅 7-8 世紀　長 30.1cm　国立慶州博物館　雁 537

葡萄唐草文の平瓦は日本の寺院建築にもみられるもので、それも統一新羅の影響といわれている。連続する蔓草の文様は軽やかなリズムをもたらした。

忍冬文青銅製盒（ごう）

慶州 忍冬塚出土　新羅 5-6 世紀　高 12.5cm　国立慶州博物館　慶州 1616

忍冬はスイカズラ科の植物であるが、忍冬文とはパルメット文、半パルメット文を指す。本作例は蓋の部分に刻まれている。パルメット文は椰子の葉の茂る形から派生したとされるが、そのような植物を全く知らない韓半島の工人がどのようなものを手本としてこの文様を刻んだのであろうか。

宝相華文瓦当
慶州 雁鴨池出土
統一新羅 7-8 世紀
径 15.6cm
国立慶州博物館
雁 325

雁鴨池の瓦は優美な文様をもち、当時の建物の華麗な様を彷彿とさせる。

宝相華文（ほうそうげもん）

様々な花や葉を組み合わせた華やかな文様である。隋・唐時代にササン朝文化の流行が中国で興ったが、西方の蔓草文に中国で花の王ともいわれて好まれた牡丹などが取り入れられて、より流麗に絢爛たる文様に仕立て上げられた。

パルメット文

扇形に広がるナツメヤシの葉は西アジアで大いに好まれて、王宮の壁面を飾ったが、ギリシア世界ではロータス文様と組み合わされるなどして建築装飾や陶器画に多用された。

ユーフラテス河辺のナツメヤシ

獣面文瓦

獣面文瓦当
中国 南朝　径 12.3cm
大阪個人蔵

中国の獣面文瓦

獣面文は古代中国の重要な文様で、その起源は殷代の饕餮(とうてつ)文に求めることができる。銅器などの文様であった饕餮文が瓦当(がとう)(軒丸瓦(のきまるがわら))の文様に用いられた時期は戦国時代にまで遡る。しかし、正面を向いて大きく口を開く獣頭をあらわした獣面文が瓦当の文様として本格的に採用されるのは、魏晋南北朝時代になってからのことである。北朝の最も早い例は北魏・平城時代、南朝は東晋に遡る。獣面文の表現は北朝のものが立体的、写実的なのに対し、南朝のものは平面的、幾何学的であり、その様相は異なる。

獣面文瓦当

中国 南朝　径 13.6cm　京都個人蔵

瓦当面に大きく口を開け、前方を凝視する獣面を表現する。全体に毛髪を表すが、眉間の左右の毛髪に注目すると、円形のもの(本作品)や円弧状のものがあり、そこに変化を読み取ることができる。また、口の表現も複雑な表現から簡単なものへと変化するようである。出土地は不明であるが、類例が中国南京市から多く出土しており、南京周辺で採集されたものと考えられる。

獣面文瓦当

中国 北朝　洛陽永寧寺

(奈良国立文化財研究所『北魏洛陽永寧寺』図 113-3)

獣面文瓦当
慶州 皇龍寺出土　新羅　径 14.7cm
国立慶州博物館　皇龍 1211

獣面文瓦当
高句麗　径 18.1cm　国立中央博物館　得 6248

韓半島の獣面文瓦

韓半島においても瓦当文様の主流は蓮華文であるが、獣面文も三国時代から確認できる。三国のうち、高句麗、新羅の例は多いが、百済のものは少ない。高句麗、新羅とも立体的、写実的な表現のものが多い点をみると、その系譜は中国北朝にあるものと考えられるが、新羅のものには高句麗の影響も認められる。百済では南朝の影響を受けた獣面文瓦当が出土している。統一新羅になると、獣面文は鬼瓦の文様となり、その後の時代にも鬼瓦の主要な文様としての地位を保つことになる。

獣面文鬼瓦
統一新羅　高 24.5cm
東京大学考古学列品室

F 号墓入り口上のサチュロス像
シリア　パルミラ東南墓域出土
高 64.1cm

西アジアの獣面文

シリア、パルミラ遺跡東南墓地F号墓から出土した建造碑文には、サチュロス頭部が浮彫されている。この建造碑文は硬質石灰岩の幅五五・〇cm、高さ六四・一cm、紀元後一二八年十一月にボルハ・ボルパ兄弟が彼等の子孫のために墓を建造したことを記している。浮彫はギリシア神話に出てくる酒の神ディオニソス（バッカス）の従者であるサチュロスの頭部であり、乱れた毛髪に山羊のような縞のある屈曲した一対の角、大きく見開いた眼と大きな眼球、膨らんだ鼻、耳環をはめた大きな耳が表現され、さらに口の周りには髭を蓄え、開いた唇からは舌が出され、威圧的で攻撃的な表情が表現されている。

この浮彫は墓の門上方にはめ込まれ、墓への邪的物の侵入を阻止し、墓室内の安全と死者の安穏な死後世界を保証するという考えに基づくと考えられる。そしてこのような辟邪（へきじゃ）的な表現にはパルミラ独自のものではなく、ギリシア神話世界の登場物が採用されている。

日本の獣面文瓦

韓半島からの技術の移入によって開始された日本の飛鳥時代の瓦の文様にも、獣面文は存在する。飛鳥時代前半の例としては高句麗の影響を受けたとみられる大阪府船橋廃寺、七世紀後半の例には新羅の影響を受けたとみられる奈良県雷廃寺、地光寺跡などがある。小山廃寺(紀寺跡)の隅木蓋瓦も統一新羅の鬼瓦などの獣面文に近い。飛鳥時代に蓮華文で飾られていた鬼瓦が、奈良時代になると獣面や獣身で表現されるようになるが、これも統一新羅の影響とみてよい。日本で鬼瓦が鬼瓦と呼ばれるようになった端緒がここにある。

獣面文隅木蓋瓦

奈良県　明日香村　小山廃寺(紀寺跡)出土
7世紀後半　高 25.8cm（復元）
橿原考古学研究所附属博物館

獣面を表現した隅木蓋瓦。出土資料(右部分)をもとに復元。立体感に欠けるが、その面容は新羅の獣面文鬼瓦(95頁)に通じる。

獣身文鬼瓦

奈良県 平城京出土　奈良時代　高31.5cm
橿原考古学研究所附属博物館寄託品

獣の全身像をあらわす鬼瓦である。平城宮や南都の諸寺から出土する、奈良の都を象徴する鬼瓦である。

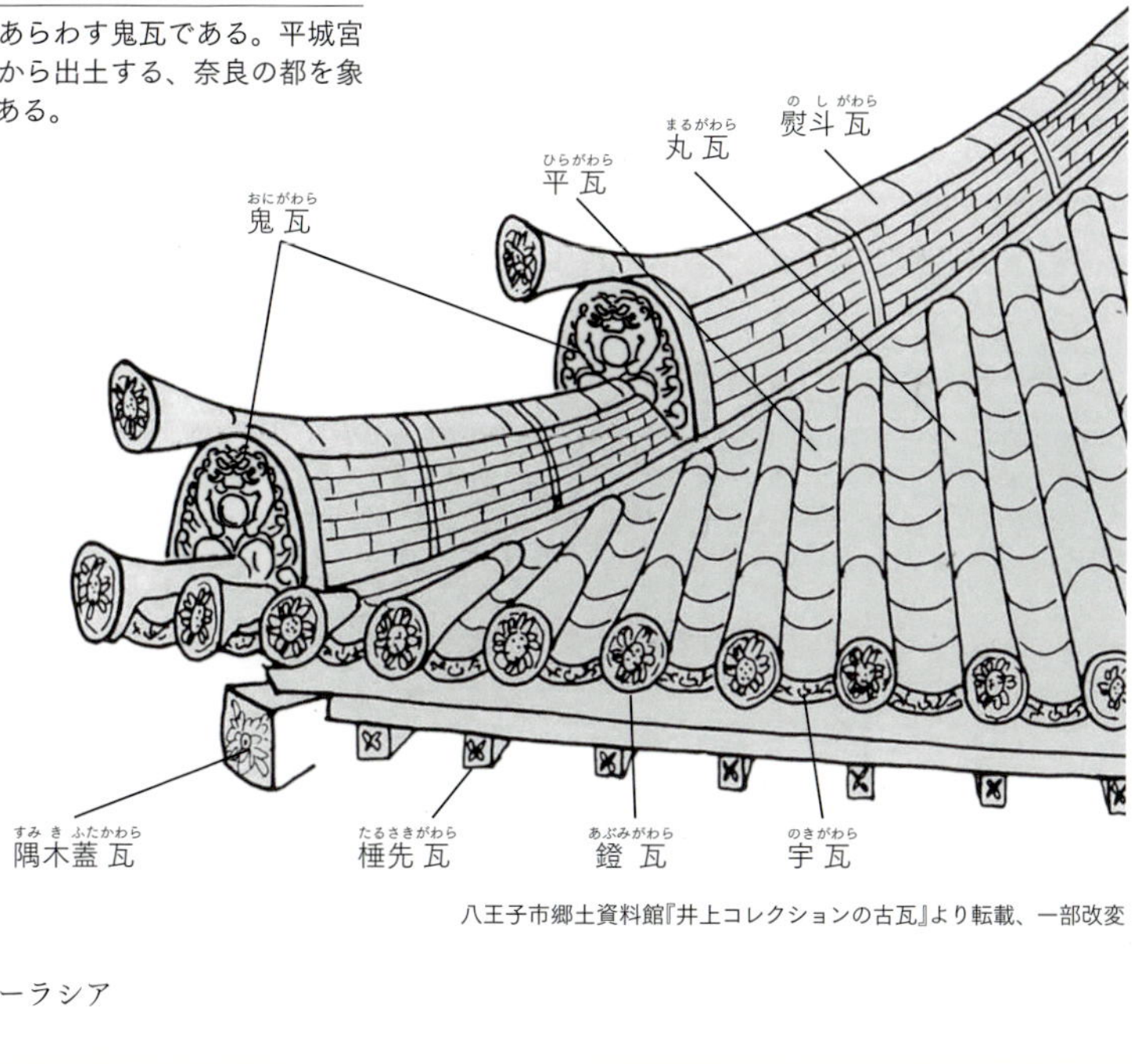

八王子市郷土資料館『井上コレクションの古瓦』より転載、一部改変

騎馬文化の伝来

馬具の発明と騎馬の利用

　大きな動物を制御し、今日のオートバイのように疾走する。このような馬を利用する文化を可能にしたのは、馬具ハミ（和名では轡）・鞍・鐙の利用であった。特に前二千年紀に登場したとされる金属製ハミの発明は、馬の口内（前歯と奥歯の間の隙間）に置き、手綱と結んでハンドルのように操作して、乗馬する上では欠かせないものとなった。また、体を馬の背で安定させる敷物から始まったのが鞍である。足掛かりとなり馬上で身体を安定させる鐙はハミや鞍よりずっと遅れ、四世紀のはじめにようやく考古学上の証拠が見られる。こうした鞍と鐙を加えた馬具が揃い、乗馬に優れた遊牧系牧畜民だけでなく、文明地帯や農耕民族の間でも

青銅製ハミ（轡）
中国北方　春秋戦国時代　長 20.2cm　馬の博物館

スキタイ系初期の遊牧系牧畜民のハミは、基本的に口中で半分に折れる二枝式が多く、ハミの両端部には環が２つ連続したものと、１つのものがある。この中国北方のハミは環がその両形態を思わせる。

馬装（頭部）

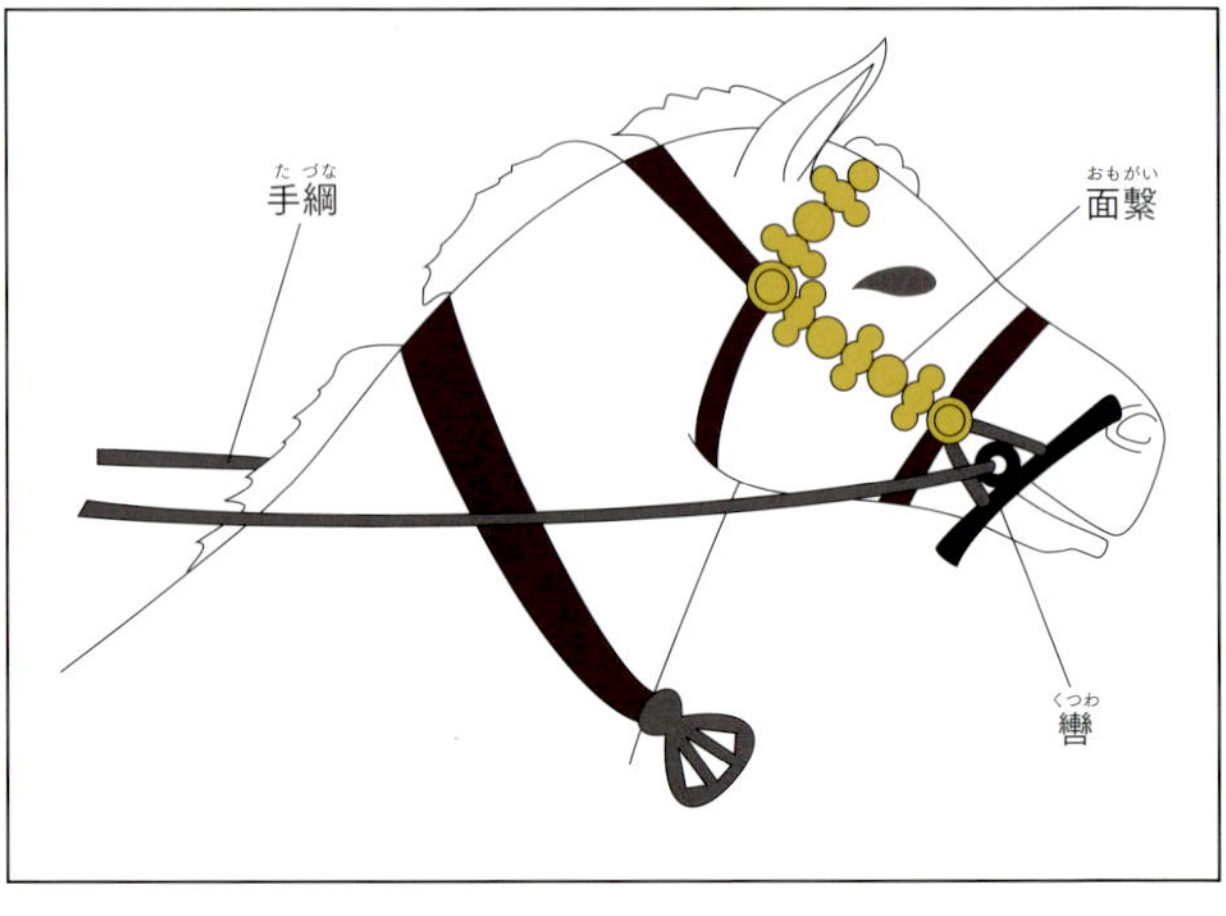

乗馬が可能となった。ハミと鞍により馬を利用する騎馬の文化は、すでに前一千年紀の前半には中央ユーラシアの広い草原地帯に各地に興っており、文明地帯との交流で東西に広がった。日本へは四世紀の末から五世紀のはじめに、大陸や半島から馬と馬具の伝来があり、五世紀後半から六世紀には乗馬の風習が広まった。

青銅製ハミ（轡）

イラン ルリスタン地方　前1000 年紀前半

鏡板長 22.8cm　馬の博物館

ハミの頬板（鏡板）と口中に入る部分が一鋳で作られている。頬板にあたる部分に首を伸ばした馬の表現がある。こうした棒状の鏡板は、アッシリアやアケメネス朝ペルシアのレリーフなどに見ることができる。

加彩騎馬像

中国 漢　高 45.5cm　馬の博物館

馬具の鞍と頭絡、胸繋、尻繋の表現がある。馬の表現は、足が長く、尾が高い位置にあり、明らかにアラブ馬などの洋種を思わせる。

三彩女子騎馬像

中国 唐　高 32.6cm　馬の博物館

中国・唐時代には女性の乗馬が流行するようになる。シルクロードを旅することも行われ、盛唐には、ポロ(打毬)という馬上競技が伝わってくる。ポロはササン朝ペルシアの国技となっており、中国でも盛行するようになった。この騎馬像は、上着の片方を脱ぎながら、マレット(毬杖)で毬を打つしぐさがあらわされている。

馬具利用の実際

日本の初期の馬具は四世紀末から五世紀にかけて鉄製轡や、木心鉄板張輪鐙の出土がある。これらは出土数も少ないが、ほとんどが輸入品とみられ、続く五世紀半中葉の誉田丸山（こんだまるやま）古墳、新開（しんがい）古墳などの馬具も輸入されたものと考えられている。橿原考古学研究所附属博物館の千賀久氏は、両古墳出土の馬具の鞍と鏡板は、非新羅系と新羅系の特徴の馬具がセットとして入っているとしている。そして藤ノ木古墳出土の馬具の製作地について議論は続いているが、龍・鳳凰・象・獅子・鬼神・唐草文などの薄肉彫り文様を配した把手付き鞍金具をはじめ障泥（あおり）・壺鐙・歩揺付飾り金具など文様の内容から中国の南朝、北朝、馬具の形態から新羅、その製作技法から百済も候補になり、更に日本にやってきた技術者達の製品との解釈もあるとしている。

六世紀から七世紀の馬具は、新羅を中心とした半島からの影響を受けた金銅製の鞍金具や轡鏡板や飾り金具にもその影響がみられる。その後、馬牧での生産も進み、国産の馬具が多くなる。奈良時代から平安時代には、我が国独特の木製の中世鞍の発展をみることとなった。

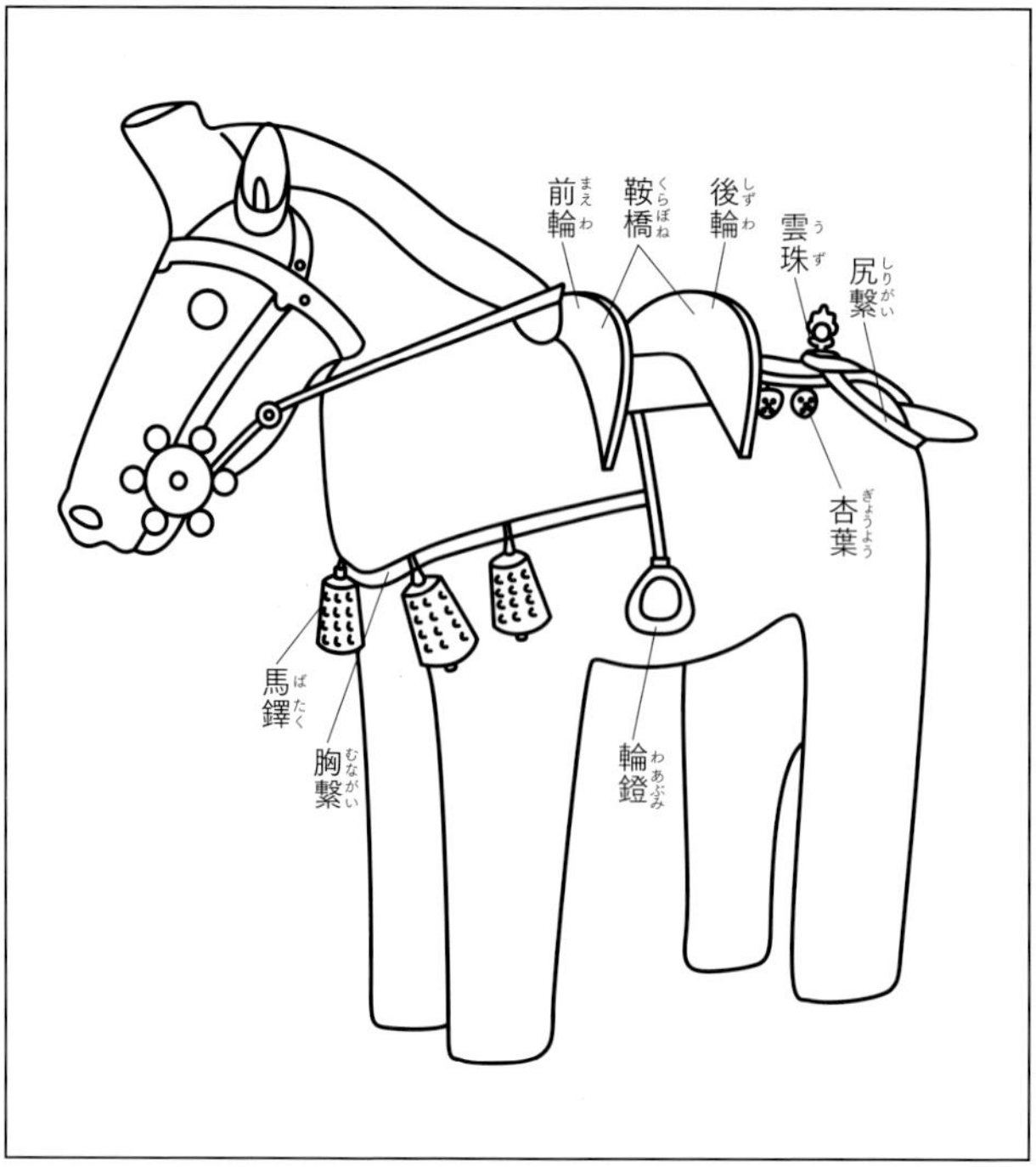

馬装（全身）

鞍金具　前輪（複製）

奈良県斑鳩町　藤ノ木古墳出土　6 世紀　前輪高 41.7cm　前輪馬挟み 51.7cm　複製：馬の博物館

藤ノ木古墳は、古墳時代後期の国指定史跡。同鞍金具は昭和 61 年の第 1 次調査で玄室奥壁と石棺の間から武器・武具と共に発掘された。前輪・後輪の鞍金具は、豪華な金銅装と鉄地金銅張りのものから成っており、一緒に出土した轡鏡板、鐙、障泥、雲珠、杏葉、歩揺つき飾金具などと含めて、東アジア第一級の馬具とみなされている。この鞍金具の複製は、発掘直後の錆び落しを行う前の状態をそのまま複製したものである。鞍金具前輪には、亀・鳳凰などの動物文様があらわされている。

鞍金具　後輪（複製）

奈良県斑鳩町　藤ノ木古墳出土
6 世紀
後輪高 43.2cm
後輪馬挟み 57.3cm
複製：馬の博物館

後輪には象・鳳凰などの禽獣文や、鬼神像、パルメット文が透彫され、後輪上部の中央には把手が取り付けられている。当時の金工技術の粋を集めた鞍金具である。

馬形土器

イラン アゼルバイジャン　ササン朝ペルシア　3-7 世紀　高 17.5cm　古代オリエント博物館　AOM8

馬の家畜化はウクライナで紀元前 4000 年紀にさかのぼるといわれるが、西アジアで馬の車行、騎馬が始まったのは、紀元前 2000 年以降のことである。本作例はそうした歴史からみれば、ごく新しい時期のものであり、鞍の表現やおとなしそうな佇まいは馬が人々の暮らしにすっかりなじんだ時代のものであることを示している。

石馬（複製）

福岡県八女市 岩戸山古墳出土　5 世紀後半 -6 世紀前半
複製：馬の博物館（原品は福岡県八女市正福寺蔵）

九州最大級の八女市の岩戸山古墳（5 世紀後半から 6 世紀前半）の墳丘に飾られていた石馬。岩戸山古墳は筑紫国造磐井の墓とされており、同石馬は、頭・脚部が失われているが、『筑後風土記』の逸文に、継体天皇の頃、朝廷方の兵士が破壊したと伝えられている。石馬には、手綱とともに鞍・輪鐙、そして杏葉・馬鐸などの馬具飾りが表現されており、埴輪と共に装着法を知ることができる。なお鞍の表現については、埴輪馬に表現されている鞍橋と異なり、後輪が後方に傾斜しており、正倉院に伝わる馬鞍と形態が通じるものがある。

馬形土器

大邱 旭水洞出土　新羅 5-6 世紀　高 16.8cm
国立大邱博物館　徳元 81

新羅や加耶の古墳からは稀に馬を模した土器が出土する。一般的には壮麗な馬装を施した馬に、やはり各種武器武具を携えた人物が騎乗する騎馬人物を象ったものが多いが、この土器は馬を単独であらわしている。馬具は鞍・面繋・尻繋・手綱などをシンプルに表現しており、飾り馬ではなく、専ら実用的な騎乗に適した姿をしている。内部は中空で、鞍の上部に円筒状の注ぎ口があり、液体を入れる容器であることがわかる。４本の足に接する台脚は三国時代の土器に一般的に見られる形態であり、長方形の透かし孔があく。

馬形埴輪

日本 出土地不詳 古墳時代 6 世紀 高 94.0cm 馬の博物館

茨城県つくば市出土と伝えられるが、詳細は不明。前輪と後輪が屹立した鞍と鞍の居木から吊るされた壺鐙、ハミに結んだ頭絡と胸繋の表現がある。埴輪馬からは、当時の日本の馬具の馬への装着法を知ることができる。

馬の意匠の伝播

馬の能力や美しさを題材にした馬の意匠は、馬の姿だけでなく狩猟図や騎馬図が陶器や銀器などの工芸品などに好まれ、装身具やコインにまで多く表現されている。そしてその工芸品は東西文化の交流により、草原地帯やシルクロードから、中国・韓半島を経て日本にまで伝来している。ギリシア神話に知られる西方のペガサスの図像も、東方では天馬となり、中国の漢代の車馬鏡、唐代の天馬文鏡に見られ、新羅の天馬塚出土品の白樺製障泥(あおり)に天馬の図像が見られる。日本でも熊本県江田船山(えたふなやま)古墳などから翼を持つ天馬の表現がある神人車馬鏡などが出土しており、伝来品としては法隆寺の国宝の四騎獅子狩紋錦、さらに大陸の影響をうかがわせる献納物の龍首水瓶などの名品が知られており、また正倉院の鏡、東大寺の狩猟文銀壺などにも大陸の文化を思わせる意匠があらわされている。

青銅製狩猟文ベルト

ウラルトゥ　前7世紀　長31.0cm　馬の博物館

ウラルトゥは現代のトルコ、アルメニア、イランに栄えた王国である。本作品は銅の産地があったウラルトゥ王国の美術工芸を反映したもので、青銅製のベルトの表面に、騎馬による狩猟図、羊などの動物、ペガサス、聖樹などが打ち出されている。馬や羊などの動物は、両後肢を地に着け、前肢を揃えて宙に上げるポーズである。古代オリエント特有のフライングギャロップである。

白銅製天馬文八稜鏡

中国 唐　径 19.3cm　馬の博物館

八稜鏡の外区と内区に雲気、雷文を飛ばし、内区には蝶と共に飛ぶ天馬 2 頭と馬 2 頭が交互にあらわされている。天馬 2 頭は小さな飛翼をもち、馬 2 頭の表現もあるいは翼がなくとも宙を飛ぶ馬を象徴した表現と推測されよう。

銀製ペガサス形飾り金具

イラン ササン朝ペルシア　3-7 世紀

高 3.0cm　馬の博物館

ペガサスの意匠は、ギリシアやオリエント、草原地帯で好まれた。この飾り金具のペガサスは、ササン朝王侯の冠に見られる三日月形を載せ、ササン朝ペルシアの気風をよくあらわしている。

天馬像のある障泥（あおり）

慶州 天馬塚出土　新羅 5-6 世紀

慶州・新羅の古墳群では、いずれも装身具・武具・馬具類が多く出土している。そのなかで天馬塚は、白樺材製の障泥が出土しており、天馬の文様があることから「天馬塚」と名付けられた。この天馬は、口から火焔を吹くような表現があり、福岡県竹原古墳壁画の馬とも通じるものがある。

竹原古墳壁画（石室一部、複製）

原品所在地：福岡県宮若市

複製：馬の博物館

竹原古墳は、6 世紀後半の円墳で装飾古墳石室があることで知られている。横穴式石室の奥壁中央に壁画があり、題材は波の上に人・馬・怪獣・舟があらわされており、馬の輸送をテーマとしたものと考えられる。上部の怪獣は、宙で火焔を吹くようにも見られ、龍もしくは天馬と思われる。

西域人の到来

中国の西域人

ソグディアナは、アケメネス朝ペルシアの時代(前六世紀)に歴史にはじめて登場した時は、中央アジアの農耕民族の国であった。アレクサンドロス大王東征の折、ペルシア最後の砦となり、その豪族の娘が大王の妃となった話は有名である。後にシルクロード交易の要衝中央アジアを掌握して栄えたクシャン王朝やエフタルが衰退していく中で、ソグド人は次第にその交易路上に展開した彼らの集落網を東に拡大し、交易活動を活発に行うようになった。中国に交易網を広げたソグド人は西晋末年の四世紀頃、すでに涼州(現在の甘粛省武威)を隊商の大拠点として西は敦煌から東は洛陽までを活動範囲としていた。唐代にソグディアナを訪れた玄奘三蔵はソグド人の半分が農民、半分が商人であったとしているが、敦煌では彼らは農業も営み納税をしていたのである。ソグド人は交易活動を通じ、中央アジアの文化を東アジアに伝えたが、それはイラン、ギリシア・ローマ、インドといった文化的要素が融合したものであった。ソグド人集落の長は隊商の長であり薩宝(保)と呼ばれたが、唐代には律令制に組み込まれ中央の任命する官職となった。

加彩楯持武士俑
中国 北斉 6世紀 高 32.2cm
個人蔵

鎧兜に身を固めた武人像は墓室に納められて、墓を悪霊から守るものであった。

棺床屏風（隊商図）

中国 北周 6世紀後半 大理石に着彩 高 61.3cm 幅 34.5cm 厚 5.6cm
MIHO MUSEUM SF04.0141

これは中国に定住したソグド人の墓に置かれた葬具の一部で、遺体を安置する石の床（牀）上に屏風の様に立てられた装飾石版の１枚である。こうした葬具の装飾にかれらは生前の正しい営みや、死後の楽園の有様を描かせた。この画面の奥に荷を載せた駱駝とソグド人が歩む。その手前には馬に乗った長髪のトルコ人（突厥）及びディアデムを着けたエフタル人が進み、隊商を護衛している。当時の東西交易には駱駝が重宝された。６世紀後半、エフタルは突厥に降ったが、ここでは突厥の従者として描かれている。

棺床屏風（楽園宴飲歓楽舞図）

中国 北周 6世紀後半　大理石に着彩　高 61.5cm　幅 34.6cm　厚 5.7cm
MIHO MUSEUM　SF04.014E

これも前掲の作品と同じ棺床屏風を構成していた１枚である。画面奥の堂宇内で墓主夫妻が死後の楽園の宴に与り、その手前では中央アジアの楽隊の演奏に合わせ、飛び跳ね激しく踊る胡騰舞の様子が描かれている。最前列の酒壺の前に蹲る人物の傍らにはソグド様式の水差が置かれている。夫妻はソグドの風習に従い杯の脚を摘み、主人は豊かな髭のソグド人風、夫人は鮮卑あるいは漢人風である。

ソグド人の楽園

ソグド人の多くは拝火教を奉じ、生前「正しい思い・正しい言葉・正しい行い」を積み上げた者は、「音曲の館」と呼ばれる死後の楽園が約束された。それは彼らが神に捧げた富で溢れていた。中国で発掘されたソグド人の葬具の中央には、多くの場合この「音曲の館」で宴にあずかる墓主夫妻の姿が刻まれている。

「深目高鼻多鬚（彫りが深く鼻高でひげが濃い）」で胡坐する墓主は正にイラン系ソグド人を表している。脚杯の脚をつまむようにして持つ仕草は、ウズベキスタンやタジキスタンで発見されたソグド人の壁画の宴会場面にもよく見られる。

中央アジアの楽隊
1 チャング（竪箜篌（くご）＝ハープ）
2 横笛
3 トゥンブール（長棹リュート）
4 バルバト（曲頸琵琶）
5 ダップ（枠太鼓＝タンバリン）

胡騰舞（ことうぶ）

中国に伝わった西域の舞踏には、主に女性の舞う「胡旋舞（こせんぶ）」、男性特有の「胡騰舞」があり、現在のウズベキスタンの首都タシケント付近に相当する「石國」起源である。「胡騰舞」は飛跳ねる豪放な踊りで、ピッチの速い伴奏に乗って踊った。

これは葡萄酒と深いかかわりがあり、音楽と一体となった踊りは飲酒によってより高揚した。地面に置かれた酒壺はそのための酒を容れたものかも知れない。

把手が注ぎ口の後部と胴体をつなぐ水差は、ペルシア風ではなくソグドの様式を示している。

新羅の西域人

韓半島の地にソグドを含む西域人が一定程度定着し、大規模に活動していたことを示す史料はない。しかし、古新羅の古墳に入ることになる西方の文物が移動したとき、中央アジアを通過する際などに彼らの活動が関与していた可能性は高い。史料はないが、新羅には東アジアの人種とは思えない特徴を持つ人物を表現した遺物が残されている。韓半島統一を前後する時期の新羅古墳に副葬された人物俑には、文官の姿をした男性像に、他とは異なる特徴を持つものがある。また、統一新羅時代の王陵級の古墳の前面に立ち並ぶ石像群の中にも、西域の人物と思しき武人像が存在する。ただし、これらの石造物や俑から、ソグド人らが新羅の地にいたかどうかを判断するのは実際には難しい。あるいは、唐の文化を導入した際に、それが誰をあらわしているのか理解されないままに異国風の人物を含む定型化したセットが認識され、石人像や俑として作られた可能性もある。統一期の新羅人たちが見た異国風の石人像と、彼らの祖先がかつて好んだ西方の品々との関わりに気付き、想いを馳せた人は果たしていたであろうか。

ソグド人は唐代中国で活発に活動しており、新羅人たちもまた同様であった。新羅人にも、商業・交易活動に従事したものは多く、彼らは東アジアにおける交易民でもあった。国際性豊かな国家であった唐において、彼らがお互いの存在を認知していたことは確かである。日本に渡った正倉院の宝物などの中には、あるいはソグドと新羅の商人が連携して伝えられたものもあるかもしれず、そうであるならば新羅に西域人が常時往来していた蓋然性も高い。

王陵石人のポシェット

掛陵（クェルン）の石人の後ろ姿には興味深いものがある。小さな楕円形のポシェットである。このような小物を入れる小さな袋は、騎馬の風習のある人々に見られる。ポシェットの実物は時代がやや下がるが、内蒙古高原の一〇一八年に造営された遼代の陳国公主墓から、ベルトに下げた金銀製のものが出土している。

文官像

慶州 龍江洞古墳出土
統一新羅 7 世紀　高 17.0cm
国立慶州博物館　慶州 7499

慶州龍江洞古墳から出土した男女人物俑のセット(31 頁)の中の 1 体。唯一髭を蓄えた精悍な顔つきである。唐服を着、笏を持つ官人と思われるが、顔の特徴から西域人を模したものと考えられている。

新羅王陵石造物にみる西域との交流

新羅王陵で西域との関連を指摘されている西域人などの石造人物彫刻を配置した古墳には、以下の諸墳が挙げられる。

元聖（ウォンソン）王陵（掛陵）：外東邑掛陵里（ウェドンウプクェルンニ）

掛陵は直径約二二m、高さ約七・七mを測る円墳で、西に延びる低丘陵を利用して築かれている。華表(門柱)、西域人、文官、獅子等が古墳前面に配置されている。特に西域人とされる石人像は、長い髪にベルトを締め、豊かな髭を蓄えた鋭い眼光を持ついわゆる深目鼻高の顔立ちで、片手には突起がある棍棒を持ち、もう片方は固く拳を握りしめ周囲を威圧している。

武人像
慶州 掛陵　統一新羅

武人像
慶州 掛陵　統一新羅

興徳(フンドク)王陵：安康邑六通里(アンガンウプユクトンニ)

興徳王陵は直径二〇・八m、高さ六mを測る円墳で、掛陵同様の石造物が配置されている。また、碑石は失われているが、亀趺(きふ)も残されている。西域人とされる石人は片手に棍棒、片手は拳を握りしめるという同様の型式を採っている。

駱駝に乗る人物図

ウズベキスタンサマルカンドのアフラシアブの七世紀以降と思われる貴族の邸宅の儀式の間に三つの壁画が描かれていた。そのうちの一つは、二瘤駱駝に乗る二人の男でディアデム(鉢巻)をしめ、笏杖を持っている。その姿は掛陵の西域人を彷彿とさせる。現在サマルカンド歴史博物館に展示されている。

L.I.アリバウム（著）、加藤 九祚（訳）『古代サマルカンドの壁画』より

隅柱石
慶州 九政洞方形墳
統一新羅 8-9 世紀　高 73.6cm
国立慶州博物館　慶州 2266

仏国寺への入り口にある九政洞古墳は一辺約 9.5m 余りの方形墳である。出土した隅柱石には、西域人と獅子が刻まれている。

新羅王陵石造物及び関連資料の三次元計測調査

大韓民国慶尚北道慶州市及びその近郊に所在する新羅王陵に見られる石像彫刻は、その様式や構成・配列等の面で中国陵墓の強い影響を受けながら成立し、これに新羅独自の要素を加味する事で発展してきたと考えられる。

奈良県立橿原考古学研究所では二〇〇六年度から三年間の予定で、科学研究費の支給を受け、古代オリエント博物館及び韓国国立博物館所属の研究員と共同で、新羅石造物及び関連遺物の三次元計測調査を実施している。

王陵関係資料のデータ作成に関しては、国立慶州文化財研究所の協力を得て、慶州盆地及びその周辺部に分布する王陵について、墳丘前面に配置された武人・文官像、獅子、華表(門柱)、亀趺或いは外護石に浮彫りされた十二支等の外表施設の三次元計測データの提供を受けた。

これら同一スケールによる図面の完成によって、各古墳や関連遺物に施された彫刻、浮彫等の考古学的形態比較研究、或いは美術史的様式・表現、特に人物の容姿・服飾・持物等、様々な面からの比較検討等が極めて容易になったといえる。

十二支像と石造物

墳丘護石に十二支像を巡らす古墳には次のものが知られている。

聖徳王陵・景徳王陵・金庾信墓・憲徳王陵・真徳王陵

また、古墳以外の石造物として、以下の石塔などに十二支像の浮彫が確認されている。

陵只塔・遠願寺東西三層石塔・太和寺浮屠・校洞石燈・縣一洞三層石塔・化川洞石塔・臨河洞三層石塔・琴韶洞三層石塔・開心寺五層石塔・華厳寺西五層石塔

十二支像の表現は中国をはじめ西方にもその広がりが見られる。十二支像は日本では、奈良県明日香村の高松塚古墳やキトラ古墳の壁画に見られる他、隼人石なども古くから良く知られている。

また、関連する資料として、立樹獅子孔雀文石造物が挙げられる。一九三七年に発見された資料で、本来どのような使われ方をしていたのかは定かではない。現在は国立慶州博

十二支像（亥）
慶州 九政洞方形墳 統一新羅 8-9 世紀

十二支像（酉）
慶州 九政洞方形墳 統一新羅 8-9 世紀

九政洞方形墳

物館の中庭に置かれている。長さ三m余りの不整形な花崗岩石材に、大きさの異なる連珠文を三箇所に配したものである。向かって右のものは、周囲の連珠を欠き、円形の界線のみで区画されるもので、中心には一本の樹が、その背面に獅子が頭部を幹に回し前を向くかの如くに刻まれている。中央の連珠文には一本の樹を挟み向き合う二羽の孔雀が浮き彫りされている。孔雀の頸は中央の樹を挟み前後に表現され、頭を下方に下げて表現されている。最も大きい一番左に刻まれた連珠文は、その上部半分が削られ、また浮彫面も削り取られていて、元来何が表現されていたのかは明らかでない。この石造物は刻まれた連珠文・樹下動物文・樹下孔雀文という文様構成からしても西域との関係が深く認められる遺物である。

以上の様に、慶州地域には西方に起源を持つ様々な文物が流入してきており、統一新羅期を特色づける大きな要素にもなっている。

立樹獅子孔雀文石

統一新羅　国立慶州博物館

「東アジア墳墓文化」と吉備

アジア大陸のさまざまな文物が、韓半島を媒介として日本列島にもたらされた最盛期は、五世紀、すなわち古墳時代中頃のことである。陶器（須恵器）の製造、馬の飼育と利用、かまど炊飯の生活様式など、その後長く受け継がれて定着した技術や文化が伝わってきた。その背景には、日本列島・韓半島・中国の相互間で、人びとの交流がにわかに活発になった状況が想定できる。

このような状況が顕著になった古墳時代は、地域をたばねる王や有力者、それらの頭目である倭王（大王）や幕僚たちの墳墓多数が、日本列島の各地に築かれた時期である。ただし、そうした墳墓の盛行は日本列島各地だけの現象ではない。後の高句麗、百済、新羅のそれぞれの中枢となった場所や、加耶とよばれる韓半島南部の各地にも、地域の有力者やその上に立つ王たちの墳墓が盛んに営まれた。四世紀後半から五世紀中頃までをピークとするこの汎東アジア的現象は、巨視的にみれば「東アジア墳墓文化」とも称するべき動きといえる。前方後円墳によって特徴づけられる日本の古墳文化は、その中の一つの地域様式と位置づけられるだろう。

この時期は、紀元前後から表面化した気候寒冷化の中で、

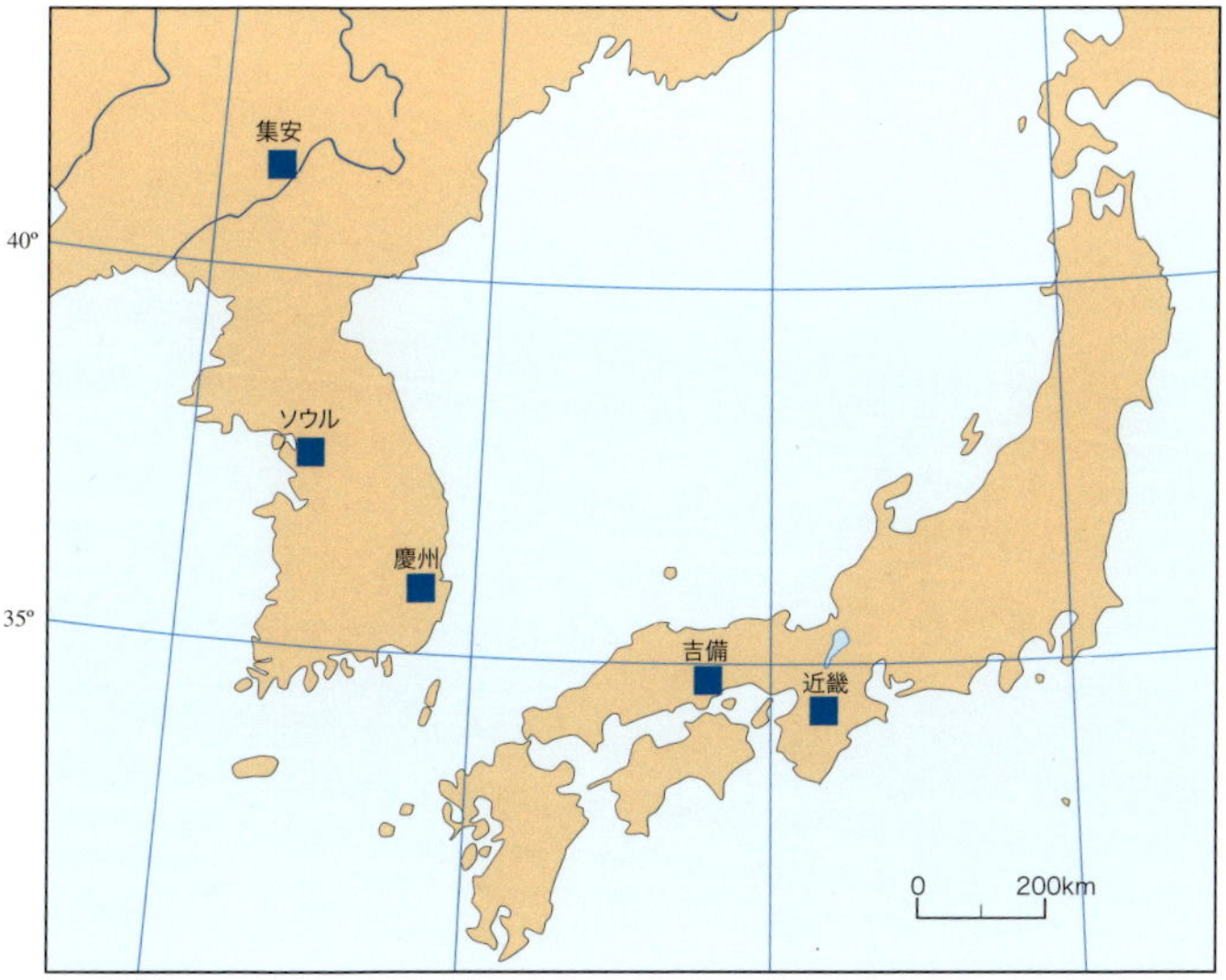

東アジア地図

西のローマ、東の漢というユーラシア両端の古代文明帝国が弱体化するとともに周辺諸民族の動きが活発化して、相互に対立と融和を繰り返しつつ、独自の国家形成への歩みを強めていった段階である。ゲルマン諸民族の王国や韓半島三国および倭は、いずれもそれに当たり、それまでに文明帝国で育まれてきた技術や制度・思想・文化を取り入れたり交換し合ったりして、国家的な支配をしだいに整えていった。「東アジア墳墓文化」は、国家的支配やその中枢の地位を目指して競争を強めていた有力者やその連合が、威信を誇示するべく墳墓の築造と葬送の儀礼をエスカレートさせた歴史の考古学的反映である。この墳墓文化は、六世紀に入ると、文字に根ざした世界宗教(仏教)と支配制度(律令)の伝播によって宗教的・社会的裏付けをしだいに失う。日本列島では、古墳は七世紀の中頃にほぼ衰滅し、その廃墟の上に古代律令国家が確立したのである。

　このような動きの中で、吉備もまた「東アジア墳墓文化」を主体的に演出した一員として、そのピークの五世紀には歴史の表舞台に登場した。岡山市の造山古墳は長さ約三六〇mの巨大な墳丘をもち、築造された当時は近畿の大王墓とされる大阪府堺市の百舌鳥陵山古墳(伝履中天皇陵)とほぼ拮抗する

石室内副葬品出土状況(勝負砂古墳)

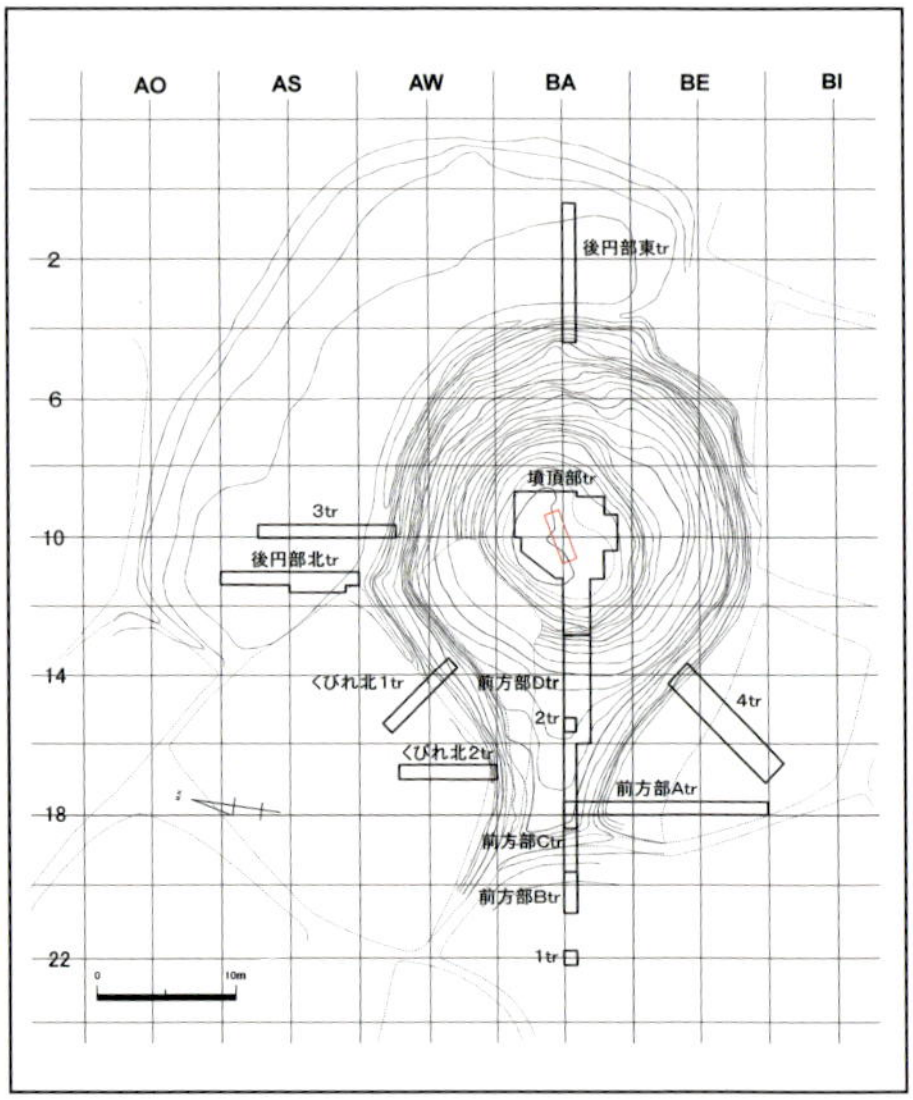

勝負砂古墳測量図

規模をみせる。五世紀前半のこの段階にあっては、吉備は、近畿、および韓半島の集安・ソウル・慶州と並んで、「東アジア墳墓文化」の五大中心地の一つとしての威容を誇っていた。集安は高句麗の、ソウルは百済の、慶州は新羅のそれぞれ中心となり、倭の中枢の座は近畿が占め、唯一吉備だけがのちの国家の「首都」になりえなかったわけだが、それはあくまでも以後の歴史が決めたことである。

その後、韓半島や日本列島の各地では、王や有力者が大きな墳丘を営むことが廃れてくる。中国に近い高句麗から百済、倭という順番に横穴式石室が普及し、それを小さな円形の土饅頭形墳丘で包んだものが、東アジアの王や有力者の墳墓のスタンダードとなる。副葬品も、生産用具や武器を多量に埋納することはしだいに止められ、食器・服飾・軍装など、貴人の身分を表す持ち物が主体となる。ただ日本列島では、横穴式石室が普及しても大王の墳墓を中心に前方後円墳はしばらく残るが、それでも墳丘は小型化し、高いランクの有力者の墓でも円墳や方墳が増える。各地で特徴ある形の大型墳丘が林立する段階を「東アジア墳墓文化」の第一期とすれば、横穴式石室と土饅頭というスタンダードが共有された段階を、第二期とすることができるだろう。

短甲出土状況　近畿とのつながりを示す(勝負砂古墳)

勝負砂古墳は、第一期から第二期へとまさに移り変わろうとする時期の吉備を代表する墳墓である。墳丘は長さ四二ｍと小さいが、被葬者の軍装を主体とする特徴ある副葬品が収められていて、それが、韓半島や近畿と結んで、東アジアを舞台に盛んに活動した被葬者の生前の姿、ひいては彼が代表する吉備勢力の国際的な位置づけを反映している。たとえば、短甲は近畿との関係を示す一方で、青銅製の馬具には韓半島を媒介とした北方騎馬文化との結びつきがうかがえる。また、石室を作って葬送を行った後に墳丘を築き上げるという造墓の手順は、日本列島の伝統ではなく、新羅など、韓半島の一部に由来する可能性が高い。

五世紀後半の吉備には、勝負砂と同じように、墳丘は小さいけれども、列島内のみならず韓半島を主とする列島外のさまざまな勢力との結びつきを示す品々を副葬した前方後円墳が数多くみられる。この時期の吉備勢力は、列島内外のさまざまな政治勢力と複雑に連携した有力者からなる連合体制をとっていたのであろう。古墳時代吉備の勢力基盤は、私たちの予想以上に国際的な広がりを持っていたのである。

馬具出土状況　韓半島に由来すると考えられる(勝負砂古墳)

■関連する博物館・美術館

■国立慶州博物館

大韓民国
慶尚北道 慶州市日精路 118
054-740-7500
http://gyeongju.museum.go.kr
開館時間：平日　09:00～18:00
土・日・祝日　09:00～19:00
(3月～10月は毎週土曜日
21:00まで開館)
休 館 日：毎週月曜日・1月1日

新羅千年の都である慶州に位置している国立慶州博物館は新羅の文化遺産を一目で見ることのできる韓国の代表的な博物館である。1945 年に慶州の国立博物館として開館し 1975 年、現在の場所へ移転した。

常設の展示館としては考古館、美術館、雁鴨池館の 3 つの展示館と 1 つの特別展示館がある。庭には聖徳大王神鐘と高仙寺址石塔等が展示されている。

■国立済州博物館

大韓民国
済州特別自治道済州市三射石路 11
064-720-8000
http://jeju.museum.go.kr
開館時間：平日　09:00～18:00
土・日・祝日　09:00～19:00
(3月～10月は毎週土曜日
21:00まで開館)
休 館 日：毎週月曜日・1月1日

済州は韓半島の南端にある大きな島で美しい自然環境に恵まれている。国立済州博物館は 2001 年に考古・歴史博物館として開館した。当博物館は、中国、日本、沖縄、台湾をつなぐ北東アジア海洋文化交流の軸となってきた済州の先史時代から朝鮮時代に至る長い独特な歴史と文化の展開過程を一目瞭然に展示している。済州各地の遺跡から出土した遺物と各地域で収集された歴史的な文物を中心に構成されており、親しみやすく、わかりやすい展示となっている。

■関連する博物館・美術館

■ MIHO MUSEUM

滋賀県甲賀市信楽町桃谷 300
0748-82-3411
http://www.miho.jp

信楽の穏やかな山並みに抱かれた美術館。世界的建築家 I.M. ペイが桃源郷の物語をモティーフに設計。シルクロードを旅するように、古代オリエントから日本にわたる古代美術の名宝に出会える。

■岡山市立オリエント美術館

岡山県岡山市天神町 9-31
086-232-3636
http://www.city.okayama.okayama.jp/orientmuseum
http://www.city.okayama.jp/orientmusuem
（2009 年 4 月 1 日より）

先史文化からイスラム文化を扱うオリエント専門ミュージアムで 1979 年開館。学術的に系統だったコレクションによりオリエントの歴史と文化を紹介する館蔵品展が好評。

■馬の博物館

神奈川県横浜市中区根岸台 1-3
045-662-8105
http://www.bajibunka.jrao.ne.jp/U/U01.html

馬と人の交流から作り出された様々な事物を自然史・歴史・民俗・美術工芸・競馬などの幅広い分野にわたって紹介。併設のポニーセンターでは本物の馬を間近に見られる。

■古代オリエント博物館

東京都豊島区東池袋 3-1-4
サンシャインシティ文化会館 7 階
03-3989-3491
http://www.sa.il24.net/~aom/

日本で初めての古代オリエントを専門にする博物館として 1978 年に開館。シリア、ウズベキスタンでの現地調査も行う。遠くて実は近い中近東の文化、歴史をわかりやすく展示する。

執筆者紹介（執筆順）

＊山　本　孝　文
日本大学文理学部史学科准教授
――――――― 執筆頁：P.6-32、34 下、39 下、72 下、84、105、114 上

＊四　角　隆　二
岡山市立オリエント美術館主任学芸員
――――――― 執筆頁：P.34-52

＊津　村　眞輝子
財団法人 古代オリエント博物館研究員
――――――― 執筆頁：P.53-57

＊宮　下　佐江子
財団法人 古代オリエント博物館研究員
――――――― 執筆頁：P.58-63、78-83、85-91、114 下、117 下

＊稲　垣　　　肇
MIHO MUSEUM 学芸部副部長・研究主任
――――――― 執筆頁：P.64-74、110-113

＊木　下　　　亘
奈良県立橿原考古学研究所研究員
――――――― 執筆頁：P.75-77、116-120

＊清　水　昭　博
奈良県立橿原考古学研究所主任研究員
――――――― 執筆頁：P.92-94

＊西　藤　清　秀
奈良県立橿原考古学研究所埋蔵文化財部部長
――――――― 執筆頁：P.95

＊末　崎　真　澄
財団法人 馬事文化財団 馬の博物館理事・学芸部長
――――――― 執筆頁：P.98-109

＊松　木　武　彦
岡山大学大学院社会文化科学研究科准教授
――――――― 執筆頁：P.121-124

謝　辞

本書を編集・制作するにあたり、下記の各機関、個人の方々にお世話になりました。記して謝意を表します。（敬称略）

大韓民国
国立中央博物館　国立慶州博物館　国立大邱博物館　国立済州博物館

日本
㈱アコード　岩田安子　馬の博物館　岡野智彦　去来　東京国立博物館　東京大学文学部考古学研究室　奈良県橿原市教育委員会　奈良県立橿原考古学研究所附属博物館　羽原コレクション　兵庫県明石市教育委員会　MIHO MUSEUM 友の会　吉田光男

写真提供
大韓民国所蔵品と p12、14、15、18、22、23、24、25、26、27 は国立慶州博物館から提供を受けた。
日本の資料の写真は所蔵各機関から提供を受けた。
p95 下、116 上、117 上、119、120 は奈良県立橿原考古学研究所から提供を受けた。
p23 下、50、65、69 上、79、80、82、95 上、110 は野村淳氏の撮影による。
p91 は三枝朝四郎氏の撮影による。
p122、123、124 は松木武彦氏から提供を受けた。

ユーラシアの風（かぜ）　新羅（しんら）へ
2009 年 3 月　5 日　　1 版 1 刷　印刷
2009 年 3 月 10 日　　1 版 1 刷　発行
編　者：MIHO MUSEUM・岡山市立オリエント美術館・
　　　　古代オリエント博物館
監修者：山本孝文
発行者：野澤伸平
発行所：株式会社　山川出版社
　　　　〒 101-0047　東京都千代田区内神田 1-13-13
　　　　電話　03（3293）8131（営業）　8134（編集）
　　　　http://www.yamakawa.co.jp
　　　　振替　00120-9-43993
制作・印刷・製本：株式会社　アイワード
装　幀：菊地信義

Printed in Japan　ISBN4-634-64823-4